AF396806

NOTES

D'UN

VOYAGE EN CORSE

PAR

M. PROSPER MÉRIMÉE

INSPECTEUR DES MONUMENTS HISTORIQUES DE FRANCE

PARIS

FOURNIER JEUNE, LIBRAIRE

18, RUE DE VERNEUIL

M DCCC XL

NOTES

D'UN

VOYAGE EN CORSE

Paris. — Imprimerie de H. Fournier et comp., rue de Seine, 14 bis.

NOTES

D'UN

VOYAGE EN CORSE

⋘═◦◦◦═⋙

Monsieur le Ministre,

Dans le rapport que j'ai l'honneur de vous soumettre, je me propose de décrire, en les classant par époque, les différents monuments que j'ai examinés pendant un séjour de deux mois en Corse. Toutefois, le manque presque absolu de renseignements historiques, l'état de ruine, et dans certains cas, la nature même des édifices ne permettant pas une classification très-détaillée, j'ai dû me borner à poser quelques grandes divisions fondées sur les caractères ar-

1

tistiques, ou sur les rares documents que fournit l'histoire.

Je m'occuperai d'abord des monuments qu'on a lieu de croire antérieurs à l'établissement définitif des Romains dans la Corse, soit qu'ils appartiennent aux naturels de l'île, soit qu'ils aient été élevés par des étrangers en relation avec eux. Je passerai ensuite à ceux qu'on attribue aux Romains, et le catalogue en sera fort court. Il en est quelques-uns dont les caractères incertains me donneront lieu d'examiner s'ils n'ont pas en réalité une origine moins ancienne. Enfin je terminerai cette notice en décrivant sommairement les édifices du moyen-âge, beaucoup plus nombreux, et en essayant de signaler leurs formes distinctives.

Avant tout, il convient, je crois, de jeter un coup d'œil rapide sur l'histoire de la Corse, car les révolutions politiques d'un pays y exercent toujours une grande influence sur le dévelop-

pement des arts, et l'on voit souvent le caractère de ses monuments dépendre des relations
qu'il a eues avec d'autres contrées.

Une profonde obscurité couvre les premiers
âges de la Corse. Sans remonter aux traditions
mythiques sur le roi Cyrnus, fils d'Hercule, et
sur la bergère ligurienne Corsa, (1) des témoi-
gnages nombreux prouvent que l'île fut connue
et fréquentée dans des temps très-reculés par les
navigateurs de plusieurs nations de la Méditerranée.

Vers l'année 562 avant J.-C., des Grecs, partis
de Phocée en Asie, s'y arrêtèrent, avant de fonder
Selia en Calabre : mais au bout de vingt ans ils
abandonnèrent l'île, attaqués par des Étrusques
qui se liguèrent avec les Carthaginois de la Sardaigne, pour les expulser (2). On attribue à

(1) Salluste, Fragments, lib. II, 157.
(2) Hérodote, Clio, 165-7.

ces Étrusques la fondation de Nicée sur la côte
orientale de la Corse.

Au rapport de Diodore de Sicile, les Etrus-
ques étaient maîtres de la Corse (1) lorsque les
Syracusains ruinèrent leur marine, environ 450
ans, avant notre ère. — Sénèque cite des immigrations de Ligures (2) et d'Ibères. — Pausanias
appelle Libyens, au moins une partie des habitants de l'île (3). — Quoique dans les traités entre
Rome et Carthage, il ne soit point fait mention
expresse de la Corse (4), il est probable que les
Carthaginois y eurent des comptoirs, si même

(1) Κύρνον κατεχομένην ὑπὸ Τυῤῥηνῶν. Diod., lib. XI, 88.

(2) Cons. ad Helv. 7. Sextus Avienus place le séjour des
Ligures dans le S.-O. de l'Espagne (l'Estramadure ou les Al-
garves). M. Amédée Thierry suppose qu'ils ont quitté ce pays
à la suite d'une invasion des Celtes, qui aurait eu lieu vers le
XVIe siècle, avant J.-C. Mais Sénèque ne fait venir les Ligures
en Corse qu'après les Étrusques, précédés eux-mêmes par
les Grecs; or les Phocéens ne s'établirent en Corse que vers
l'an 550. Il s'ensuit que les Ligures de la Corse durent arriver
de la Gaule ou de la côte N.-O. de l'Italie.

(3) Lib. X, cap. 17.

(4) Polybe, lib. III, 5.

ils n'y dominèrent point comme en Sardaigne. Antérieurement à ces immigrations, une race, peut-être aborigène, existait déjà dans l'île; Sénèque le dit expressément (1), et Diodore de Sicile atteste qu'une race barbare, d'origine inconnue, probablement très-ancienne, se maintenait, encore de son temps, dans quelques cantons de l'île (2). J'aurai, plus tard, occasion de revenir sur ce fait intéressant.

A une époque qu'on ne peut préciser, des peuplades corses envahirent le nord de la Sardaigne et s'y fixèrent (3), mais cependant elles continuèrent pendant longtemps à se distinguer des naturels de l'île (4). Si l'on cherche à expliquer cette immigration d'un petit peuple par les causes éternelles des grands mouvements qui agitent les races humaines, on doit croire que

(1) Cons. ad Helv., 7 : in causâ non fuisse feritatem *accolarum*.

(2) Lib. V, 14.

(3) X, 17.

(4) Ils gardaient le nom de Corses, au temps d'Auguste. Voir l'inscription n° 153, Orel. coll. inscrip.

les Corses étaient, dans le même temps, envahis par une nation étrangère, qui les poussait vers le sud, comme les barbares de l'est refoulèrent ensuite les Germains sur les frontières romaines. Mais quelle est la date de cet événement? C'est ce qu'il est impossible de déterminer même par approximation. Tout ce que l'on peut conclure du récit de Pausanias, c'est que l'établissement des Corses en Sardaigne serait très-antérieur à l'arrivée des Phocéens; ainsi les Grecs auraient été précédés et de bien loin, en Corse, par d'autres nations dont l'histoire n'a conservé aucun souvenir (1).

L'an de Rome 494, les Romains pénétrèrent en Corse, vraisemblablement à la suite des Car-

---

(1) Au rapport de Pausanias (loc. cit.) Aristée, gendre de Cadmus, aurait émigré en Sardaigne, voyage qui aurait pu avoir lieu dans le xvie siècle avant J.-C. *Après lui*, seraient venus des Ibères, puis des Thespiens et des Grecs de l'Attique, enfin des Troyens fugitifs. *Longtemps après*, tous ces étrangers auraient été expulsés de la Sardaigne par les Carthaginois, à l'exception des Troyens et des Corses, dont Pausanias mentionne la présence sans la rattacher à d'autres événements, sinon à celui de leur résistance aux Carthaginois. Si les Ibères étaient venus en

thaginois, et s'emparèrent d'Aleria, l'une de ces villes dont on attribuait la fondation soit aux Phocéens soit aux Étrusques. Successivement ils envoyèrent dans l'île de petites expéditions qui contraignaient les insulaires à payer un tribut de cire, principale production de leur pays, et apparemment la seule qui tentât la cupidité des Romains. Sur la côte orientale, Marius établit une colonie qui porta son nom, et Sylla une autre, qui agrandit ou repeupla la ville d'Aleria. Cependant, sous les premiers Césars, la Corse n'était point entièrement soumise, et il s'en fallait que les naturels de l'intérieur fussent considérés comme sujets de l'empire. Maîtres des côtes, les Romains dirigeaient de temps en temps des

Sardaigne immédiatement après Aristée, c'est-à-dire vers le xviᵉ siècle, avant notre ère, il est probable qu'ils se seraient également établis en Corse. Mais Sénèque parle au contraire de l'arrivée des Espagnols (Ibères) dans cette dernière île, comme d'un fait à date certaine, positivement postérieur à la venue des Phocéens. On pourrait concilier Pausanias et Sénèque en admettant deux immigrations des Ibères, ou bien en supposant que les Ibères ne passèrent en Corse qu'après avoir été chassés de la Sardaigne par les Carthaginois.

battues dans les montagnes pour se procurer
des esclaves (1), à peu près comme faisaient na-
guère les Portugais sur la côte d'Afrique. Dans
les derniers temps de l'empire, on voit la Corse
administrée par un président qui relevait du
vicaire de Rome (2). On ne sait pas exactement
quand le christianisme s'introduisit dans l'île (3).

Aux Romains succédèrent les Goths et les
Vandales; à ceux-ci les Arabes, qui recommen-
cèrent la chasse aux hommes sur une plus
grande échelle. Attaqués et expulsés à grand'
peine par les Pisans, ils ne laissèrent que des
ruines, et pendant plusieurs siècles, ils continuèrent à désoler les côtes par des pillages si
fréquents, que la population, abandonnant le
littoral, fut réduite à chercher la sécurité sur
les hauteurs voisines (4).

(1) Strabon, lib. V.
(2) Notitia imperii occident.
(3) Voir la note A.
(4) Au milieu du siècle dernier des Barbaresques enlevèrent
encore des hommes dans le cap Corse.

Dans les pays de montagnes, où le paysan est plutôt pasteur que laboureur, le régime féodal a toujours été moins tyrannique que dans les plaines. Cependant, des traditions populaires subsistent encore pour conserver le souvenir des violences exercées par les seigneurs de la Corse contre leurs vassaux (1). A la vérité, suivant les mêmes traditions, la vengeance ne se faisait jamais attendre longtemps. Déjà, vers le milieu du xie siècle, des communes s'étaient établies dans les districts du centre et sur la côte orientale (2). Dans l'ouest, ou, pour parler le langage des annalistes nationaux, *au-delà des monts*, les seigneurs maintinrent plus longtemps leur autorité. En guerre avec ces derniers, les communes firent hommage de l'île entière au pape, afin d'avoir un protecteur. En 1070, Urbain II la céda moyennant une redevance annuelle de

(1) Voir dans Filippini la légende de la Mouche de Freto, tome 2, 86.

(2) Il est à remarquer que cette révolution s'opéra dans la partie de l'île où existèrent des colonies romaines.

cinquante livres, monnaie de Lucques (1), à la
république de Pise, florissante à cette époque,
et il semble que les Corses n'eurent qu'à se
féliciter de cet étrange contrat, dans lequel on
ne dit pas qu'ils aient été consultés. D'abord les
gouverneurs pisans ne s'appliquèrent qu'à main-
tenir la paix entre les communes et les seigneurs,
et à polir les mœurs sauvages de leurs nouveaux
vassaux. Le xII^e siècle fut pour la Corse une
époque de tranquillité et de bonheur. « Ce fut
alors », dit Filippini, d'après Giovanni della
Grossa, « que s'élevèrent quantité d'édifices
publics, et beaucoup de belles églises que l'on
admire encore (2). »

· Après la bataille de Meloria (3), les Pisans,
battus par les Génois, étaient dans l'impuis-
sance d'exercer leur protectorat sur la Corse,
où déjà leurs ennemis s'étaient fait de nom-

(1) Robiquet, *Recherches hist. et stat. sur la Corse*, p. 117.
(2) Filippini, tome 2, p. 91.
(3) En 1284.

breux partisans, surtout parmi les communes.
Le pape Boniface VIII prétendit reprendre le
droit de souveraineté du saint siége sur l'île, ou
plutôt il le transféra à Jayme II, roi d'Aragon;
mais les Génois ne tinrent compte de ses décrets,
et continuèrent à se fortifier, gagnant du terrain chaque jour, quelquefois par les armes, plus
souvent par l'intrigue et la corruption. Depuis
le xiiie siècle jusqu'à la fin du xvie, la Corse est
un champ de bataille où les Génois, les Ara-
gonnais, plusieurs princes italiens, les papes,
les rois de France, armant les insulaires les uns
contre les autres, les excitent sans cesse à
s'égorger pour savoir à quels maîtres ils appar-
tiendront. Rien de plus triste, de plus hideux,
que cette période de trois siècles, marquée par
des massacres sans gloire, dés perfidies sans
résultat, des cruautés atroces, une mauvaise
foi et un égoïsme honteux de la part des gou-
vernements étrangers et des chefs nationaux. A
peine, au milieu d'une foule de capitaines chan-
geant sans cesse de bannière, le lecteur, décou-

ragé par une interminable suite d'horreurs,
respire-t-il un moment au récit des actions de
Sampiero, combattant presque seul pour l'in-
dépendance de sa patrie ; héros sauvage comme
elle, mais toujours fidèle à la plus sainte des
causes.

Avec lui tomba la dernière espérance de la
Corse, qui, déjà sacrifiée à Gènes, par le traité
de Cateau-Cambrésis, en 1559, cessa pour un
temps d'agiter ses chaînes, et sembla se résigner
à l'esclavage.

On le voit, la Corse, trop faible et trop divisée pour subsister de ses propres forces, se
donna toujours à la puissance qui dominait dans
la Méditerranée, et cependant elle ne perdit
jamais le sentiment de sa nationalité, et ne s'as-
simila point à ses protecteurs.

Dans les guerres civiles s'éteignit de bonne
heure le pouvoir des seigneurs ultramontains,

dont l'autorité fut, d'ailleurs, toujours trop contestée, les ressources trop médiocres, les mœurs trop sauvages pour qu'ils aient eu sur leur pays l'influence civilisatrice que la noblesse exerça sur le continent. Les évêques, presque tous étrangers, n'en obtinrent pas davantage.

Pauvres, nullement enthousiastes de dévotion, exploités par des gouverneurs avides, les Corses n'ont jamais pu cultiver les arts. Chez eux point de grands édifices. « *Latissimum receptaculum casa est.* » Ce mot de Sénèque est encore vrai de nos jours ; car, pour produire des monuments, il eût fallu et le zèle religieux des peuples, et les richesses du clergé, et le faste des seigneurs. On ne doit donc chercher en Corse que des imitations ou des importations de leurs voisins plus heureux.

MONUMENTS

ANTÉRIEURS AUX ROMAINS.

STAZZONE ET STANTARE.

STAZZONA DU TARAVO.

Je n'hésite point à rapporter à une époque antérieure à l'établissement des Romains dans la Corse quelques monuments d'origine inconnue, et absolumeut analogues à ceux qu'en France ou en Angleterre on nommerait druidiques ou celtiques. Si, dans notre pays, on est embarrassé pour assigner une date à leur construction, à plus forte raison l'incertitude redouble lorsqu'on les rencontre dans une île assez éloignée du continent celtique, et qui n'a

eu que fort tard des relations connues avec des
peuples du Nord.

Déjà M. Mathieu, capitaine d'artillerie, avait
signalé un dolmen dans la vallée du Taravo (1);
mais l'existence d'un semblable monument, en
Corse, avait quelque chose de si improbable à
mes yeux que je balançais à entreprendre une
excursion pour m'en assurer. En effet, outre la
défiance que m'inspirait le vague d'une description que n'accompagnait aucun dessin, je sa-
vais, par expérience, combien il est facile d'attribuer au travail des hommes des entassements
de pierres produits par des phénomènes naturels; en un mot, je craignais que le dolmen du
Taravo ne fût une de ces suppositions dont les
celtomanes sont souvent prodigues. Un examen
attentif me convainquit de l'exactitude de l'ex-
plorateur qui m'avait précédé, et la description
suivante prouvera, j'espère, l'authenticité du

(1) Mémoires de l'Académie celtique, tome 6.

monument et son importance, à laquelle M. Mathieu ne me paraît pas avoir rendu toute justice.

Ce dolmen est situé dans la vallée du Taravo, à environ une lieue et demie de Sollacaro, à quelques centaines de mètres de la rive gauche du torrent, sur une colline découverte, dont la pente est de l'est à l'ouest. Il se compose de quatre grosses pierres plates, dont trois, enfoncées dans le sol, forment un parallélogramme rectangle, fermé au nord-est et ouvert au sud-ouest; une quatrième pierre, plus grande que les précédentes, couvrait le tout comme un toit qui devait sensiblement déborder les parois inclinées d'ailleurs en dedans. Aujourd'hui ce toit est renversé, et l'une des parois latérales brisée en morceaux; mais sa base est encore fortement implantée dans le sol. L'autre paroi est très-endommagée. La pierre qui ferme le dolmen reste seule intacte. Si l'on en juge par la couleur des cassures que les lichens n'ont

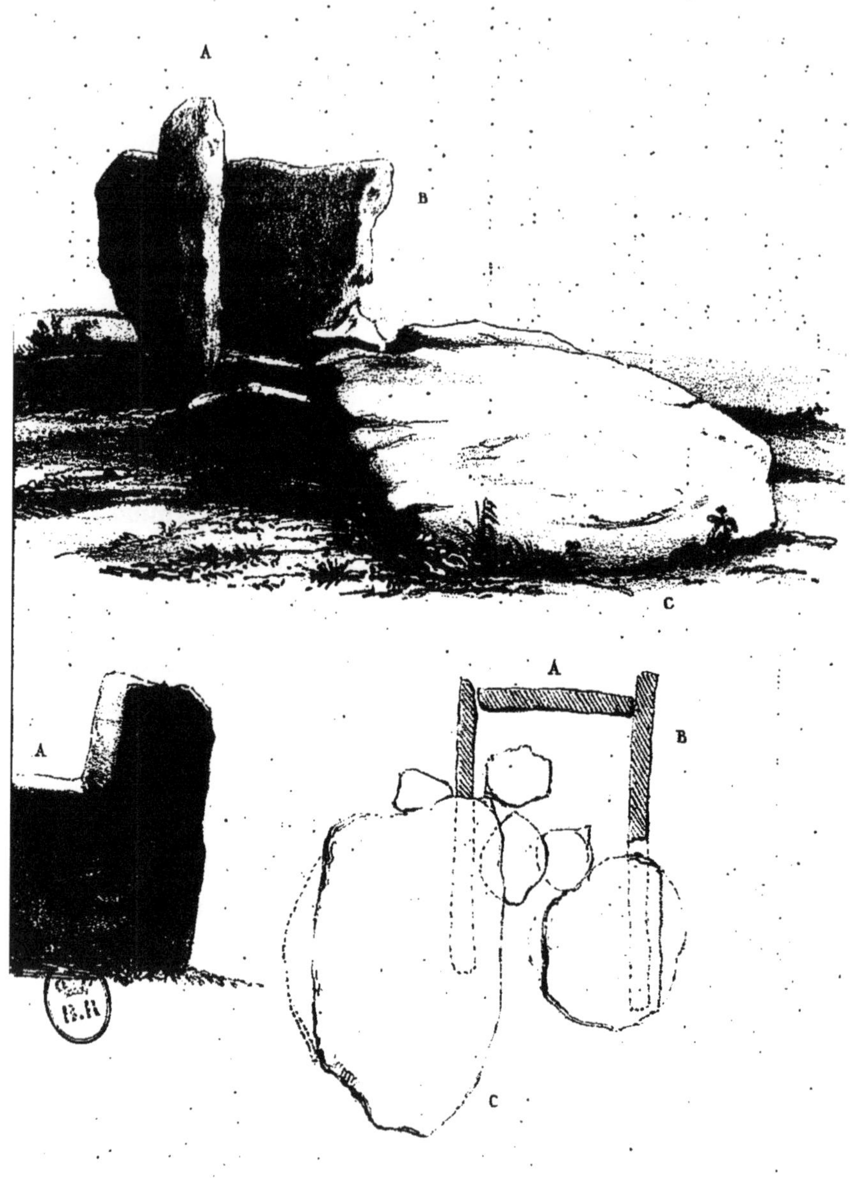

Stazzona du TARAVO

Page 16.

point encore recouvertes, la destruction de ce monument ne serait pas très-ancienne (1). Peut-être l'espoir de trouver un trésor a-t-il engagé à creuser l'intérieur du dolmen de manière à déranger l'équilibre; peut-être une forte gelée ayant fait éclater les parois latérales, la chute du toit a-t-elle achevé la ruine de tout le reste?

La pierre qui ferme le dolmen au nord-est est haute de 1^{m}60 au-dessus du sol, large de 1^{m}25, épaisse de 0^{m}15 à 0^{m}20. Autant que j'en ai pu juger, les parois latérales avaient la même hauteur et environ 2,80 à 3 mètres de longueur. Quant au toit, sa plus grande longueur est de 3^{m}10, sa largeur de 2^{m}60. Toutes ces pierres sont grossièrement équarries, et c'est probablement avec des coins qu'on les aura débitées dans la carrière, de façon à leur donner la forme plate qu'elles affectent. Peut-être s'est-on servi d'un ci-

(1) D'après la description de M. Mathieu, il semblerait que, de son temps, le dolmen était intact. Aujourd'hui, cependant, personne à Sollacaro ne se souvient d'avoir vu le toit en place.

seau ou d'une hachette pour égaliser leurs côtés
et leur sommet. C'est surtout la pierre du fond
qui porte les traces évidentes de ce travail, car
à l'intérieur elle est dressée et pour ainsi dire
polie avec un soin particulier. On y remarque
une longue échancrure, pratiquée, ou du moins
agrandie à dessein, vers le sommet et du côté de
l'est. Si, par la pensée, on partage cette pierre
en quatre carrés égaux, on se représentera sa
forme en supposant que le carré supérieur,
qui touche à la paroi orientale, a été enlevé et
l'angle rentrant, légèrement arrondi.

A quelque vingt mètres en face du dolmen,
et sur son axe, on trouve sous un maquis
très-fourré quatre grands blocs prismatiques
couchés sur le sol, légèrement pyramidaux et
un peu arrondis à leurs angles, longs de 3,80,
à 5 mètres, et larges sur chacune de leurs
faces de 0^{m}90 à 0^{m}70. Ils sont gisants sans
ordre, mais très-rapprochés les uns des autres.
Je ne crois pas me tromper en supposant qu'ils

ont formé autrefois deux groupes distincts, chacun composé de deux pyramides. Plusieurs ont à leur base comme un bourrelet ou plutôt un socle grossier réservé dans la masse. A voir ces longues pierres dans un autre lieu, on diràit des colonnes sortant de la carrière, et épannelées à coup de marteau. — Quarante ou cinquante mètres plus loin, et dans la même direction, mais de l'autre côté d'un petit ravin, on trouve encore, à terre, sous le maquis, deux blocs semblables dont un est brisé.

Pour moi je ne doute point que ces pierres et celles du dolmen n'aient fait partie d'un même monument, et qu'elles ne soient dans une certaine relation étudiée les unes à l'égard des autres. Même nature de roche (granit gris tel que celui des rochers d'alentour), même orientation, même travail grossier pour les équarrir. J'ajouterai que la présence de menhirs aux environs, et surtout en face de l'entrée des dolmens, est un fait qu'ont observé toutes les

personnes qui ont étudié les monuments celtiques de la Bretagne et de l'Angleterre.

Au nord du dolmen, du côté où le sol incline, on remarque comme un mur grossier,
formé de grandes pierres brutes, confusément
entassées pour soutenir les terres. Cela s'étend
pendant une trentaine de mètres en décrivant
une courbe très-légère, dont la concavité regarde le dolmen. En prolongeant cette courbe
par la pensée on obtiendrait une espèce d'ellipse
allongée, qui autrefois aurait entouré et le
dolmen et les menhirs placés en avant. Mais
je m'aperçois que je cède moi-même à la celto-
manie, et que les souvenirs de Stone Henge
me font voir ici une enceinte semblable à celle
du fameux temple des plaines de Salisbury.
Dans le fait rien ne prouve absolument l'existence d'une enceinte, et l'on peut expliquer cet
empierrement par la seule disposition du sol,
et le désir de retenir autour du monument les
terres que les pluies auraient pu entraîner. Au

reste, la nature de cette construction et l'impossibilité de lui trouver une autre destination
dans un lieu aussi désert, ne me laissent aucun
doute sur son origine que je crois fermement
contemporaine du dolmen et des menhirs.

Dans le pays le dolmen s'appelle *la Stazzona
del Diavolo*. Stazzona, nom générique de tous
les dolmens corses, signifie forge dans le dialecte des paysans. D'après une tradition à laquelle on ne croit plus (car il n'y a point de gens
moins superstitieux que les Corses (1), mais
que l'on conte encore aux enfants comme chez
nous les histoires de Croque-Mitaine, le diable
aurait assemblé ces pierres de sa main pour lui
servir d'enclume. Quelquefois on entendrait
les coups de son redoutable marteau. Un jour
ou une nuit, mécontent de son travail, il jeta
ce marteau du haut de la stazzona dans la
plaine du Taravo. Le marteau, tombant à un

(1) Voir la note B.

millier de mètres de là, forma en s'enfonçant dans la terre un petit étang qu'on appelle quelquefois *lo Stagno del Diavolo*, mais plus souvent *Stagno d'Erbajolo*. Un berger conta à M. Mathieu que cet étang diabolique s'agrandissait tous les jours. Pour moi, non seulement je ne retrouvai plus cette tradition, mais encore l'étang me parut presque entièrement comblé, ou du moins rempli de vase et de roseaux.

Les menhirs se nomment *Stantare*. Ce mot n'est pas plus italien que Stazzona; toutefois on y devine une étymologie latine. Je ne sache pas qu'il ait un autre sens, et pourtant je suis porté à croire qu'il avait autrefois une signification plus générale, ou du moins qu'une tradition s'est perdue touchant les pierres debout. Voici mon seul motif que j'abandonne pour ce qu'il vaut : Lorsqu'un enfant s'amuse à se tenir la tête en bas, les pieds en l'air, pivotant sur lui-même, cela s'appelle, dans le langage des mamans et des nourrices, « *far la Stantara.* »

LE STANTARE

Route de Propiano à Sartène.

Or , cette locution existe dans des districts où personne n'a ni vu ni entendu mentionner les pierres debout. Tout au moins doit-on conclure de ce qui précède que jadis les menhirs étaient plus communs en Corse qu'ils ne le sont aujourd'hui.

STANTARE DU RIZZANESE.

Deux autres menhirs, mais debout, se voient à environ une lieue de Sartène, sur la rive gauche du Rizzanese et au bord du chemin de Propriano. Le lieu se nomme *le Stantare*. Les deux pierres sont fortement inclinées l'une vers l'autre. La plus grande, haute de trois mètres, est un peu plus grosse à sa base qu'à son sommet qui, d'ailleurs, m'a paru brisé par un accident. Elle est à peu près carrée, ayant environ 0^m85 de côté. L'autre, aussi grosse, ne dépasse point 1^m60. Elles sont éloignées de 0^m50. Entre les deux pierres debout il y en

a une troisième, longue d'un mètre, presque
aussi grosse que les deux précédentes, mais
couchée à terre. Peut-être est-ce un fragment
de l'une des deux Stantare. De même que dans
la vallée du Taravo, ces pierres portent quelques
traces de travail, et, bien qu'elles n'aient point
été dressées, il est évident qu'elles ont été dé-
grossies de main d'homme, ou plutôt fendues
et détachées de la carrière avec des coins. D'ailleurs nul ornement, nulle inscription sur leur
surface. Je n'ai pu recueillir la moindre tradition
sur leur origine.

STANTARE DE LA BOCCA DELLA PILA.

A deux ou trois lieues S.-S.-O. de Sartène,
dans le col nommé la Bocca dellá Pila, j'ai observé deux Stantare hautes de 2^{m}5o sur o^{m}7o de
large, inclinées de même que les précédentes et

Bocca della Pila.

Page. 24.

leur ressemblant de tout point. L'une, dont le sommet est cassé, se trouve engagée dans un mur en pierres sèches. (C'est l'usage, en Corse, d'enclore ainsi tous les champs cultivés.) On s'en est servi comme d'un piédroit pour la porte qui donne accès dans le champ.

Le nom du col où se trouvent ces deux monuments est évidemment tout moderne, et tiré de leur forme qu'on a comparée à un pilier. On les connaît encore sous la dénomination des deux Stantare.

STAZZONA DE LA VALLÉE DE CAURIA.

J'arrive à la description d'un monument beaucoup plus important et plus complet que ceux qui précèdent. C'est un dolmen appelé encore la Forge du Diable, Stazzona del Diavolo, parfaitement conservé. Il se trouve dans la vallée de Cauria ou Gavuria, au milieu d'une plaine assez large, et sur un plateau peu élevé, mais qui cependant peut s'apercevoir de loin. Huit pierres composent la Stazzona, toutes moyennement épaisses de 0^m30; six, plantées debout, fortement inclinées à l'intérieur, forment les parois, savoir : deux à l'E.-E.-S. à droite de l'entrée ; trois au côté opposé ; une au fond, fermant le dolmen au N.-N.-O. Une seule pierre le couvre comme un toit ; enfin, circonstance que je n'avais pas encore observée jusqu'alors, une huitième pierre, placée à l'entrée de la Stazzona, présente l'apparence d'un seuil élevé. A l'intérieur, la chambre du dolmen a un peu plus de 3^m15 sur 2^m05 en œuvre. La première pierre, formant paroi, à droite de l'entrée, a 2 mètres de long ; la seconde, du même côté, longue de près de 3 mètres, déborde considérablement la pierre du fond, laquelle a un peu plus de 2 mètres. Les trois pierres de gauche ont environ 1 mètre chacune. Enfin la

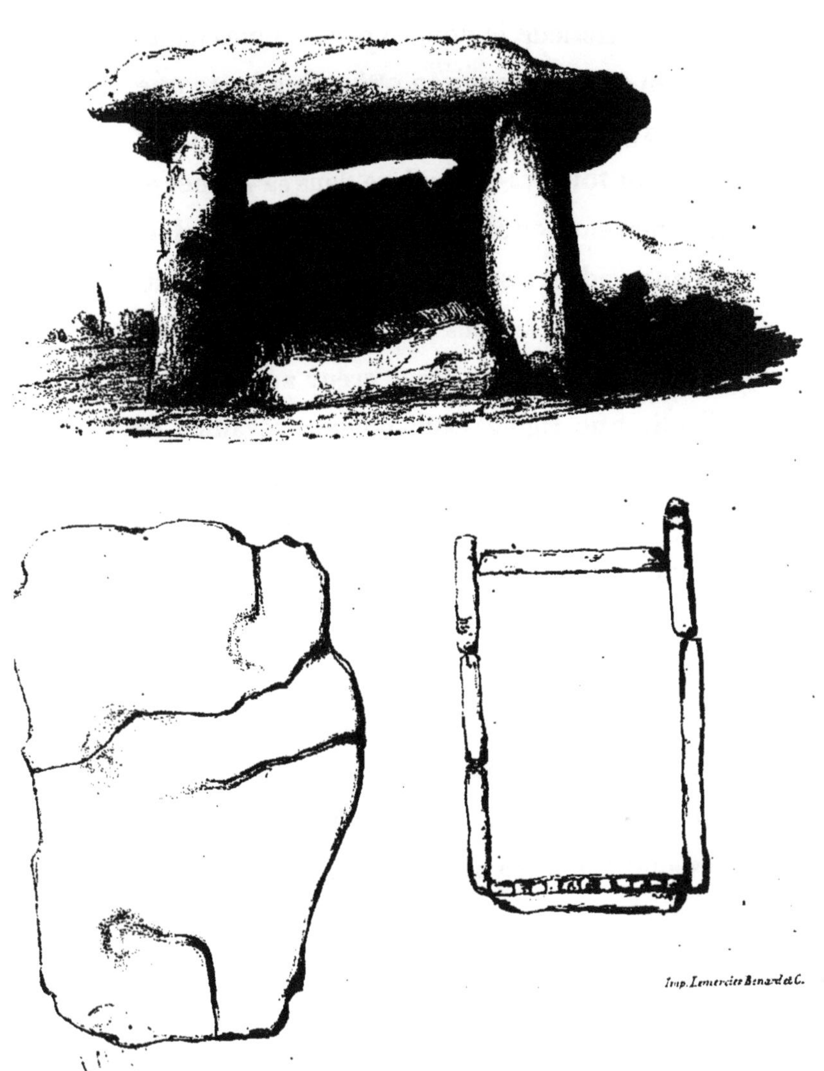

Dolmen de la Vallée de Cauria ou Gavuria.

Page 26.

hauteur du monument sous soffite est de 1^{m}65. Vu de l'extérieur, le dolmen paraît moins haut, car son aire est d'environ 0^{m}5o plus basse que le terrain d'alentour. Il me reste à parler de la pierre du toit très-irrégulière dans sa forme, et mesurant environ 3^{m}5o sur 2^{m}3o. Elle est fendue, par un accident assez récent en apparence, obliquement dans le sens de sa largeur. Vers le centre on observe un léger creux auquel vient aboutir une rigole évidemment travaillée de main d'homme, qui se dirige vers l'E.-N.-E. et se coude au moment de toucher le bord du toit. Dans la direction E.-E.-S., vers l'entrée du dolmen, on voit une seconde rigole toute droite, partant de l'extrémité d'une cavité elliptique, dont le grand axe lui serait perpendiculaire. Enfin, du côté opposé, c'est-à-dire au N.-N.-O., une troisième rigole correspond à une cavité moindre que les précédentes.

Bien souvent j'avais entendu parler de ces rigoles tracées sur les toits des dolmens, mais jamais je n'en avais vu de mes yeux. Ici elles sont de la dernière évidence, et il suffit d'observer leur canal anguleux et leurs bords vifs pour s'en convaincre. Qu'elles aient été tracées pour l'écoulement d'un liquide quelconque, cela est encore bien certain, à considérer leur pente et leur direction. Quant aux cavités, je n'y reconnais aucune apparence de travail, et ce ne sont, à mon avis, que des accidents naturels.

Les pierres de ce dolmen sont plus rudes que celles de la Stazzona du Taravo, et toutes m'ont paru dans l'état où le hasard a pu les faire découvrir.

Un vide de 0^m04 à 0^m08 existe entre la pierre du fond et le toit. Rien de plus commun dans nos dolmens. Celui de Bagneux, près de Saumur, par exemple, ne touche pas non plus à la pierre du fond. D'autres vides, entre les parois et la table, ont été bouchés très-soigneuse-ment avec de la terre et de petites pierres, par des bergers qui, souvent, au risque de rencon-trer le terrible forgeron, couchent la nuit dans la Stazzona, ou s'y réfugient pendant les orages. C'est à eux encore qu'il faut attribuer une marche en moellons qui facilite la descente dans l'intérieur du dolmen.

A trois cents mètres à l'est-est-sud de la Staz-zona, le long d'un mur de pierres sèches, tout moderne, neuf Stantare disposées sur une ligne parallèle à l'axe du dolmen, rappellent, mais de bien loin, les allées de Carnac et d'Erdeven. Il serait toutefois difficile de s'assurer que ces pierres ont formé autrefois une avenue régu-lière, c'est-à-dire deux lignes parallèles, car aujourd'hui cinq seulement sont debout; les quatre autres, renversées, sont couchées à peu de distance, sans qu'il soit possible de déter-miner leur position primitive. Une autre pierre, presque entièrement enterrée, est peut-être une dixième Stantara. Mais il eût fallu la dégager pour constater son identité avec les neuf autres. Les cinq qui restent en place sont sensiblement inclinées les unes dans un sens, les autres dans un autre, de façon à faire croire qu'elles n'ont jamais été orientées. Au reste, il est probable que leur nombre a été autrefois plus considérable, car on a dû en briser beaucoup pour construire le mur voisin qui enclot le champ où est situé la Stazzona. D'un autre côté, le mâquis est si épais en ce lieu, que couchées, ces pierres peuvent facilement échapper aux recherches. Dans la direction opposée, c'est-à-dire au N.-N.-O., je n'ai observé aucune Stantara; mais pour prononcer qu'il n'en existe point, il faudrait avant tout brûler le fourré de cistes et de myrtes qui ne permet pas d'apercevoir le sol.

La plus longue des Stantare a 3 mètres de long; elle est renversée. Les autres ont de 1 mètre à 1^{m}60; toutes ont environ 0^{m}75 d'épaisseur.

D'ailleurs, toutes les observations que j'ai faites au sujet des Stantare des bords du Rizzanese, s'appliquent également à celles-ci.

De retour à Bastia, je montrai à plusieurs personnes les croquis que j'avais pris sur les lieux. J'appris alors l'existence d'autres monuments du même genre, situés également dans l'arrondissement de Sartène, mais trop tard malheureusement pour les visiter. Une Stazzona intacte existe, m'assure-t-on, à Bezzico Nuovo, et l'on voit plusieurs Stantare debout à Bacil Vecchio, près du village de Grossa. Mon ami, M. Pierangeli, antiquaire instruit, et l'un des correspondants les plus zélés de votre ministère, m'a promis de les visiter et de vous adresser ses observations.

Dans une partie de l'île fort éloignée, au milieu des plus hautes montagnes du Niolo, un groupe de pierres entassées les unes sur les autres est connu sous le nom de Stazzona. Si

je suis bien instruit, çet amas serait le résultat
d'un accident naturel. Cependant je regrette
qu'on ne me l'ait pas signalé lorsque je fis une
excursion dans le Niolo. Cette stazzona est située
à l'est, et fort près du lac de Nino. On passe
devant en allant du Niolo à Solcia. Il serait fort
à désirer qu'elle fût examinée avec soin.

A l'exception de cette dernière Stazzona, dont
l'existence est très-incertaine, toutes celles que
je viens de citer sont placées à une distance de
quelques lieues de la mer, en sorte qu'il ne
serait pas impossible qu'elles eussent été élevées
par des navigateurs étrangers, momentanément
de séjour dans l'île. On a fait, en Bretagne, une
observation semblable ; c'est que les monuments dits celtiques se trouvent en plus grand
nombre sur le bord de la mer que dans l'intérieur des terres. Je ne pense pas toutefois que
ce fait ait une grande importance ; car il est
difficile d'admettre que des commerçants ou des
pirates, que des étrangers sans établissement

fixe, aient élevé sur un sol qu'ils devaient bientôt quitter, des monuments qui exigent un déploiement de forces si considérable. Il est infiniment plus vraisemblable qu'ils ont été construits par un peuple fixé dans le pays.

Si l'on compare les pierres levées de la Corse avec celles de la France, il sera difficile de trouver des caractères qui les distinguent. L'inclinaison des Stantare est tellement irrégulière qu'on a plus de raison de l'attribuer à des accidents fortuits, qu'à un système particulier. Entre les dolmens et les Stazzone la ressemblance est complète, si ce n'est que le travail d'équarissement des pierres est un peu plus sensible en Corse que sur le continent. L'orientation assez générale de nos dolmens ne s'observe point en Corse ; mais il suffit qu'en France ce fait ne se reproduise pas constamment pour qu'il perde beaucoup de son importance. En un mot, je ne vois aucune différence appréciable entre les monuments dits celtiques et ceux de l'arron-

dissement de Sartène, en sorte qu'on serait
tenté de leur supposer une destination, et
même une origine communes.

Mais cette destination et cette origine sont
en France des mystères fort obscurs, et ce n'est
que par une série de suppositions passablement
gratuites, qu'on en est venu à les considérer
comme des temples ou des autels de la religion
druidique (1). Du silence complet des auteurs
anciens, qui cependant ont accordé quelque
attention aux doctrines des prêtres gaulois, on
pourrait inférer que ces monuments étaient

---

(1) Voici un exemple entre mille :

S'il est un point sur lequel les archéologues soient d'accord,
c'est que les dolmens servaient aux sacrifices humains. Vingt
fois des gens très-instruits m'ont montré, sur la table de ces
monuments, certaines cavités dans lesquelles on couchait la
victime, disaient-ils, au moment de l'égorger. J'ai déjà dit que
j'avais eu le malheur de ne jamais voir là que des accidents naturels. Or, cette tradition, si bien établie, est en contradiction
évidente avec le témoignage de Diodore de Sicile qui affirme
que la victime était debout, puisque c'était d'après *sa chute* que
les Druides tiraient leurs présages. « Πέσοντος τοῦ πληγέντος, ἐκ
τῆς πτώσεως...... τὸ μέλλον νοοῦσι. Lib. V, 31.

préexistants à la religion des druides. En effet,
on nous parle de temples gaulois, de statues de
dieux gaulois, de grands simulacres de divinités
façonnés par les druides: nulle part il n'est question de pierres levées. On peut se demander
même si les constructions attribuées aux
druides ne sont pas trop grossières pour qu'on
puisse les attribuer à une époque où l'art
était assez avancé pour produire des statues
et des temples. Il me semble qu'entre l'érection d'une pierre brute et la fabrication d'une
idole, quelque barbare qu'elle soit, il y a un
degré immense à franchir dans l'échelle de la
civilisation.

Quoi qu'il en soit, reste ce fait très-remar-
quable, du grand nombre de pierres levées qu'on
trouve dans les pays celtiques, et de leur rareté,
ou même de leur absence complète dans d'autres
contrées où l'histoire ne mentionne point d'immigrations gauloises. Il en résulte une forte
présomption que ces étranges monuments sont

particuliers au peuple qui en possédait une si grande quantité sur son territoire.

Il est vrai qu'on n'en peut pas conclure absolument que tous les dolmens doivent être attribués aux Celtes, et dans le cas particulier qui nous occupe, on peut se refuser à croire qu'un peuple dont de nombreuses armées étaient arrêtées par un bras de mer, ait, à une époque très-reculée, porté des colonies dans une île éloignée du continent. Le fait cependant n'est point impossible, et quelques considérations viennent s'y rattacher, qui le rendent moins improbable.

Depuis les savantes recherches de M. le docteur Edwards sur les races humaines, on connaît la persistance des types physiques, que n'effacent ni une invasion ni même un long asservissement. Il est donc intéressant d'étudier la physionomie du peuple corse, et de chercher avec quel autre peuple elle offre des ressemblances.

Avant de visiter l'île, je m'attendais à y trouver les types qui abondent sur la côte N.-O. de l'Italie et sur une partie de nos côtes méridionales. En un mot, j'étais imbu de cette idée que les Corses appartenaient à la race ibérique, dont un rejeton, présumé pur, subsiste dans la Biscaye et la Navarre. L'aspect des habitants de Bastia me confirma d'abord dans cette opinion ; mais quand je vins à comparer leurs traits à ceux des paysans des villages éloignés, surtout lorsque je parcourus les montagnes de l'intérieur, je remarquai des physionomies toutes nouvelles.

L'habitant de Bastia ne se distingue pas de l'Italien de la côte orientale. Je décrirais ainsi ses traits caractéristiques : le visage allongé, étroit; mais le diamètre horizontal de la tête très-grand, le nez aquilin, les lèvres minces et bien dessinées, les yeux noirs, les cheveux noirs et lisses, la peau d'une teinte uniforme, oli-

vâtre (1). Ces traits sont ceux de beaucoup de
Génois, et se rencontrent fréquemment dans
la Provence et le Languedoc. Si l'on sort de
Bastia, et qu'on se dirige vers les montagnes,
les grands traits, les figures allongées devien-
nent fort rares. Le Corse des districts du centre,
d'une race, peut-être autochthone, ou du moins
de la plus ancienne de l'île, a la face large
et charnue, le nez petit, sans forme bien
caractérisée, la bouche grande et les lèvres
épaisses. Son teint est clair, ses cheveux plus
souvent châtains que noirs. Parmi les bergers
qui vivent toujours en plein air, il n'est pas
rare de trouver de beaux teints colorés. Il faut
bien se garder de confondre l'effet produit sur
la peau par une chaleur constante, avec la couleur même de la peau. Le montagnard de Coscione ou des environs de Corte est hâlé, noirci

(1) Les Basques auxquels ce signalement convient dans la
plupart de ses détails, se distinguent cependant par la saillie
des pommettes et la plus grande largeur de la face, surtout par
la longueur et la proéminence singulière du menton.

par le soleil ; mais il a des couleurs carminées,
et la teinte de sa peau est claire. Chez le Génois,
au contraire, la teinte olivâtre de la peau semble
résulter d'une matière colorante répandue dans
l'épiderme. On peut faire une remarque semblable pour la couleur des cheveux. Parmi les
Corses que je crois de race pure, les cheveux
d'un noir-bleu sont aussi rares que dans nos
provinces du nord. Les cheveux châtains des
montagnards de Corte, souvent bouclés ou
crépus, ont des reflets dorés très-vifs, et leurs
couches inférieures sont infiniment plus claires
que celles qui sont continuellement exposées à
l'action du soleil.

En résumé, les traits du montagnard corse
ne diffèrent pas sensiblement de ceux de l'habitant de la France centrale : ils sont précisément ceux que le docteur Edwards attribue à la
race gallique, que l'on croit la plus anciennement établie dans la Gaule.

Quant à certains traits du caractère national

dont M. Amédée Thierry a remarqué, avec raison, l'égale persistance, il ne serait pas difficile
de trouver une grande analogie de mœurs entre
les Corses et les Galls. Voici en quels termes
M. Thierry résume le caractère gaulois : « Bra-
« voure personnelle, esprit franc, impétueux,
« ouvert à toutes les impressions, éminemment
« intelligent ; à côté de cela une mobilité ex-
« trême, une répugnance marquée aux idées
« de discipline, beaucoup d'ostentation, enfin
« une désunion perpétuelle, fruit de l'exces-
« sive vanité (1). »

Ouvrons maintenant l'histoire de Filippini.
A chaque page ce caractère se trouve si exactement résumé, qu'on le dirait uniquement tracé
pour les Corses. Dans leur guerre contre Gènes,
quelle mobilité ! quelle indiscipline ! quelle
désunion ! En Corse, on ne voit point une nation, mais des familles qui n'agissent que dans

______

(1) *Histoire des Gaulois*. Introduction, p. 5.

leurs intérêts particuliers. Cette bravoure gauloise, que M. Thierry a si bien définie par l'épithète de *personnelle*, n'est-ce pas celle du Corse, qui n'aime à faire la guerre que pour son compte? Enfin, sa susceptibilité et sa passion proverbiale pour la vengeance (1) ne sont-elles

(1) Puisque j'ai parlé de vengeance, je demanderai la permission d'entrer dans quelques explications sur ce point, car ce sentiment, encore si vif chez les Corses aujourd'hui, n'est point chez les Galls de nos jours un trait de caractère, et l'on peut dire que leur excessive mobilité leur fait oublier facilement les injures. Mais doit-on appeler la vengeance une passion? N'est-elle pas plutôt un des effets de la vanité. La vengeance corse n'est, à proprement parler, qu'une forme ancienne et sauvage du duel, que je crois parfaitement national et enraciné chez nous. En Corse, le riche n'est point séparé du pauvre par une haute barrière comme en France. Nulle part, peut-être, on ne rencontrera moins de préjugés aristocratiques, et nulle part les différentes classes de la société ne se trouvent en relation plus fréquente et je dirai plus intime. Les riches, étant tous propriétaires, vivent sur leurs terres, au milieu de leurs fermiers et de leurs bergers, qu'ils traitent avec beaucoup plus de politesse qu'on ne le fait en France. Souvent on voit le maître assis à table avec ses ouvriers qui l'appellent par son nom de baptême et se considèrent comme membres de la famille. Cet amour de l'égalité, qui, pour le dire en passant, n'est pas un des traits les moins prononcés du caractère français, produit ce résultat, que riche et pauvre ont les mêmes idées, parce qu'ils les échangent sans cesse. Sur le continent,

pas les conséquences de son excessive vanité, qui, même chez les plus grands hommes, dégénère en une ostentation ridicule. Qu'on se rap-

les gens aisés des villes se battent, mais s'ils vivaient avec le peuple, le peuple se battrait aussi. Deux de nos paysans s'injurient et ne se battent pas; soldats l'un et l'autre ils iront sur le terrain pour une insulte légère, parce qu'ils vivent alors dans une société où le point d'honneur existe. J'ajouterai que la vengeance fut autrefois une nécessité en Corse, sous l'abominable gouvernement de Gênes, où le pauvre ne pouvait obtenir justice des torts qu'on lui faisait. Aujourd'hui même, un procès précède presque toujours l'assassinat. La vengeance s'est perpétuée dans l'île, mais comme une habitude, un préjugé que partagent les étrangers établis à demeure sur le territoire corse, car j'ai vu cette année un cas notable de vengeance parmi les Grecs de Cargèse qui s'étaient fait longtemps remarquer par la douceur de leurs mœurs. Je le répète, l'usage, le préjugé atroce, qui porte un homme à s'embusquer avec un fusil pour tuer son ennemi à coup sûr, est une forme du duel, comme l'épée et le pistolet, et quelque détestable que soit ce préjugé il ne faut pas le juger par ses effets, surtout lorsqu'il s'agit d'en faire le trait caractéristique d'un peuple : il faut plutôt remonter à sa cause, et examiner si elle n'est pas un des vices de notre nature. On doit regretter que nos formes humaines du duel n'aient pas été introduites en Corse. La bravoure et la vanité des insulaires les auraient fait, sans doute, promptement adopter, et, suivant toute apparence, elles auraient eu pour résultat de rendre les querelles infiniment moins sanglantes. (Voir, dans l'ouvrage de M. Robiquet, l'anecdote d'un duel défendu par l'autorité, d'où résultèrent quatre assassinats, page 437.)

pelle la robe de satin et la couronne de lauriers
de Napoléon.

Je viens , Monsieur le Ministre , de vous ex-
poser, avec l'impartialité de l'indécision , les
considérations qui viendraient à l'appui d'une
origine celtique pour les Stazzone de la Corse.
Je regrette vivement de ne pouvoir pousser
plus loin mes recherches , ni les diriger sur un
point qui n'a point encore été étudié, que je
sache , et pour lequel je suis malheureusement incompétent. Je veux parler du dialecte corse, dans lequel il serait intéressant
de rechercher les mots de l'ancienne langue
ou des anciennes langues qui ont pu subsister jusqu'à ce jour. Diodore de Sicile rapporte que, dans la Corse, certaines tribus
barbares parlaient un langage étrange et inintelligible (1). Quels étaient ces barbares? Re-

(1) Κατοικοῦσι δ'αυτὴν βάρβαροι τὴν διάλεκτον ἔχοντες ἐξηλλαγμένην
καὶ δυσκατανόητον. Lib. V, 14.

marquons que ces mots de barbares et de
langue inintelligible conviendraient assez à l'idée
qu'un Grec, et Diodore de Sicile en particulier,
se faisait des Celtes et de leur idiôme (1).
Peut-être, dans le dialecte actuel des Corses,
bien que le toscan et le français même ten-
dent tous les jours à détruire son originalité,
pourrait-on retrouver beaucoup de mots d'origine celtique. J'en citerai cinq qui m'ont frappé,
évidemment empruntés aux langues du nord :
ye, oui; *falare*, descendre; *valdo*, forêt; *mori*,
beaucoup; *bracanato*, bariolé. Si l'on jette les
yeux sur une carte de l'île, on remarquera un
très-grand nombre de noms de lieu n'ayant
nullement la tournure italienne, s'il est permis
de s'exprimer ainsi. Un glossaire complet de
ces mots faciliterait, je crois, l'étude des origines corses (2).

(1) Diodore appelle les Celtes : βαρυηχεῖς καὶ παντελῶς τραχύ-
φωνοι.

(2) Un seul nom de lieu m'a paru avoir une racine ibérique.
C'est Aïtona. *Aïtz* (basque), rocher, vent; *ona*, bon.

Au reste, sans s'écarter des traditions historiques, on pourrait encore expliquer, et peut-
être d'une manière plus simple, les rapports
de physionomie et de caractère entre les Corses
et les races galliques. Les Ligures, dont l'immigration en Corse est attestée historiquement,
ont eu, à une époque très-reculée, des rapports
intimes avec les Celtes. Leurs langues mêmes
se ressemblaient, puisque à la bataille d'Aix
les Ligures auxiliaires des Romains avaient le
même cri de guerre que les Teutons. Ils se di-
saient de race commune. Dans les Pyrénées-
Orientales, dans les Basses-Alpes, dans le Var,
contrées habitées par les Ligures, on trouve
des dolmens et des menhirs.

Sur l'autorité de Sextus Avienus l'on confond
peut-être à tort ce peuple avec les Ibères. Sénèque, énumérant les nations qui s'établirent
successivement en Corse, distingue expressément les unes des autres. Il ajoute ce renseignement remarquable, que les Ibères fixés dans l'île
avaient conservé leur costume et quelques mots

de leur idiome (il pouvait en juger étant espagnol lui-même); mais que la fréquentation des
Grecs et des Ligures l'avait d'ailleurs presque
complètement dénaturé (1).

Enfin, si l'on ne veut point admettre que
les Ligures appartiennent à la grande famille
celtique, on pourrait supposer que, partant
pour la Corse, ils auraient emmené avec eux
quelque horde gauloise voisine de leur séjour.
De pareilles associations avaient lieu fréquemment parmi les peuples que les Grecs appelaient
les barbares (2).

(1) Transierunt deinde Ligures, transierunt et Hispani, quod
et similitudine ritus adparet; eadem enim tegumenta capitum,
idem genus calceamenti, quod Cantabris est, et verba quædam,
nam totus sermo conversatione Græcorum Ligurumque a pa-
trio descivit. Cons. ad Helv., 8.

(2) M. Grégori a bien voulu me communiquer un texte curieux de Scymnus de Chio, d'après lequel on pourrait croire
que ce géographe regardait la Corse comme une île dépendant
de la Celtique.

Ἔπειτα χώρα Κελτικὴ καλουμένη
Μέχρι τῆς θαλάσσης τῆς κατὰ Σαρδώ κειμένης.

ΣΚΥΜΝΟΥ ΧΙΟΥ περιήγησις. Vers 166, Hudson, geographi Græci
minores.

URNES FUNÉRAIRES.

———

Cette recherche des origines corses, où malheureusement on ne trouve que le doute après toutes les questions, me conduit à vous entretenir de quelques découvertes curieuses, annonçant d'ailleurs des usages qui n'ont rien de celtique.

On a trouvé plusieurs fois dans les vignes de Saint-Jean, près d'Ajaccio (on suppose que ce lieu est l'emplacement de l'ancienne ville d'Urcinium), aux environs de la chapelle neuve, de grands vases en terre rouge, mal cuits, qui contenaient des ossements humains emmaillotés de bandes d'étoffe, des espèces de momies. Je n'ai pu examiner moi-même aucune de ces trouvailles. Par une incurie déplorable tout s'est perdu. Je suis donc obligé de rapporter ici les renseignements que j'ai pu recueillir. Je dois les détails qui suivent à M. Étienne Conti, avocat et littérateur distingué, dont la complaisance est connue de tous les étrangers qui ont voyagé en Corse. A ma prière il a bien voulu rassembler ses souvenirs, et instituer une espèce d'enquête sur la dernière découverte de tombeaux faite dans cette localité.

La forme des vases se rapproche de celle de plusieurs urnes antiques; c'est un ovoïde un peu renflé vers le tiers de sa hauteur, et se rétrécissant légèrement vers le haut; une base et un rebord saillant interrompent la courbe; le rebord est un peu plus évasé que la base. Deux de ces urnes contenaient chacune, parmi des lambeaux d'étoffe et une masse de poussière, une tête d'enfant, *qui ne paraissait pas avoir souffert l'action du feu.* On n'observa nuls autres ossements, du moins entiers. Il y avait encore dans chaque vase des bracelets en cuivre doré, et des espèces de *bourrelets* ou de *couronnes closes* en fil d'argent doré, que l'on comparait à des *résilles*. M. Pugliesi, qui découvrit ces urnes, parlait aussi d'une petite boîte en bois, enveloppée de linge, qui, disait-il, lui parut contenir des fragments *de papier*. Il s'empresse d'ajouter qu'il n'y avait rien d'écrit. M. Conti, qui le questionna fort sur ce point, reconnut bientôt qu'il n'était rien moins que sûr du fait, et il présume que ce qu'il avait pris pour du papier n'était que des fragments d'étoffe, ou peut-être de feuilles de roseau.

Dans d'autres vases, à différentes époques, on a trouvé des squelettes entiers (ou du moins des os en assez grande quantité pour composer un squelette) sur lesquels on ne remarquait aucune trace de feu, et, circonstance à noter, dans chaque vase était un instrument dont je n'ai pu savoir la matière, mais qu'on nommait une clef, et qui ressemblait à un mauvais passe-partout (1).

(1) Le symbole de la clef s'expliquerait facilement dans un rite funèbre.

Mais le fait le plus extraordinaire me reste à rapporter. Toutes les jarres, me dit-on, avaient subi l'action du feu pour être fermées comme elles l'étaient. Aucune soudure n'était visible, et il avait fallu une coction générale pour en faire disparaître les traces et laisser au vase une uniformité de teinte parfaite, un rouge extrêmement vif. Jamais les propriétaires du terrain où ces découvertes ont eu lieu n'ont varié sur ce point, quelque improbable, quelque impossible qu'il paraisse. Comme il est certain que les gaz contenus dans un cadavre, exposés à une chaleur intense, auraient promptement fait sauter en pièces le vase qui les renfermait, il faut admettre forcément que le couvercle a été luté avec un soin particulier, et avec un mastic de la couleur de la terre, que le temps aura durci au point qu'on ne puisse le distinguer de la matière du vase.

A Bonifacio, un vase semblable, contenant un squelette, fut découvert il y a quelques années, dans un lieu connu traditionnellement sous le nom de *Tombeau du Turc*. Des médailles, me dit-on, accompagnaient le squelette; mais quelles étaient-elles ? Je n'ai jamais pu l'apprendre : le souvenir même de la découverte était presque entièrement oublié à Bonifacio lorsque je demandai des renseignements à cet égard.

Probablement on désirera savoir ce que sont devenus ces vases, ces bracelets, ces résilles, ces clefs. Les vases ont été mis en pièces, les résilles et les bracelets fondus. (L'argent des résilles était d'excellent aloi.) Quant aux clefs, un des propriétaires de Saint-Jean en avait formé un trousseau complet, si considérable, qu'il en fut embarrassé et s'en défit, sans se rappeler comment; sans doute, elles se trouvent parmi de vieilles ferrailles, chez quelque maréchal d'Ajaccio. Avant de crier à la barbarie, il faudrait se demander si de pareilles choses ne se passent pas tous les jours dans des villes du continent.

L'usage d'enfermer des cadavres dans de grandes jarres se retrouve chez plusieurs peuples. Il y
en a des exemples parmi beaucoup de peuplades
américaines, et dans l'antiquité, au rapport de
Diodore de Sicile, les Baléares ensevelissaient
leurs morts de la sorte. « Ils ont, dit-il, dans
« leurs sépultures, une pratique étrange et qui
« leur est particulière : ils brisent les cadavres
« avec des bâtons, les déposent dans une urne, et
« par-dessus élèvent un monceau de pierres (1). »
Je ne sache pas que cette dernière circonstance
se soit retrouvée à Saint-Jean; mais ce lieu étant
cultivé depuis longtemps, il ne serait pas extraordinaire que les amas de pierres eussent
disparu. Quant au dépècement des corps, ou
au brisement des os, je suppose qu'on le prati-
quait pour que le cadavre occupât moins de
place, et qu'il remplît exactement le vase destiné
à le conserver.

(1) Ἴδιον δέ τι ποιοῦσι καὶ παντελῶς ἐξηλλαγμένον περὶ τῆς τῶν τετε-
λευτηκότων ταφῆς. Συγκόψαντες γὰρ ξύλοις τὰ μέλη τοῦ σώματος εἰς
ἀγγαῖον ἐμβάλλουσι καὶ λίθους δαψιλεῖς ἐπιτιθίασιν. Lib. V, 18.

Pierre trouveé sur le domaine de Mr Domenico Colonna d'Apricciani près de Sagone.

Les urnes dont j'ai donné la description d'après M. Conti ont été trouvées assez rapprochées l'une de l'autre, et en assez grand nombre, pour qu'il soit permis de supposer que l'emplacement connu sous le nom de la Chapelle-Neuve, ait été un lieu de sépulture, commun pour les habitants d'une ville, ou du moins pour une tribu assez considérable. Je pense, Monsieur le Ministre, qu'il serait intéressant de faire faire quelques fouilles en ce lieu. Suivant toute apparence, la dépense serait très-médiocre, et l'on obtiendrait peut-être quelques lumières sur un fait nouveau qui intéresse l'archéologie et l'histoire.

STATUE D'APRICCIANI.

Il me reste à vous entretenir, Monsieur le Ministre, d'un monument dont l'origine m'a semblé antérieure a l'occupation romaine, mais mon opinion peut être contestée, et je dois accompagner le croquis ci-joint de tous les détails qui peuvent éclairer la question.

Revenant de la colonie grecque de Cargese, je m'arrêtai auprès de l'église de Sagone, ruine sans importance, pour chercher dans le voisinage *« une statue de chevalier, le casque en tête,»* qu'on m'avait indiquée. Je transcris textuellement la description de M. le docteur Démétrius Stephanopoli. Ce fut en vain que je la demandai à plusieurs femmes qui épluchaient du maïs devant l'église. Heureusement, elles me renvoyèrent à un vieillard à barbe blanche, qu'on voyait à cheval à quelque distance, chargé par le propriétaire de garder la récolte. Cet homme n'avait jamais entendu parler d'un chevalier le casque en tête; mais il me proposa, me trouvant curieux de vieilles choses, de me montrer un *«idolo dei Mori.»* J'aurais donné tous les chevaliers du monde pour voir cette mer-

veille, et j'acceptai son offre avec empressement. Nous suivîmes la route de Vico pendant
un quart de lieue ; puis, tournant à gauche après
avoir traversé la rivière de Sagone, nous en-
trâmes dans un mâquis brûlé, où, de loin, on
voyait s'élever comme un Terme antique. C'était
une table de granit bien dressée, haute de 2^m12,
épaisse d'environ 0^m20. Elle était appuyée sur
un tronc d'arbre, mais on l'avait trouvée en
terre, à plat, enterrée à une certaine profondeur. Qu'on se figure une pierre plate façonnée
en gaîne, arrondie à son extrémité inférieure,
légèrement rétrécie, et dont le sommet serait
sculpté ou plutôt découpé de manière à représenter une tête humaine. Le visage est taillé
dans le nu de la pierre, et maintenant un peu
fruste. Pourtant on distingue les yeux assez
bien dessinés, le nez, la bouche, exprimée par
un seul trait horizontal, la barbe terminée en
pointe. Les cheveux, partagés sur le front, forment deux touffes saillantes à la hauteur des
yeux. En cet endroit, la pierre a sa plus grande

largeur (à peu près 0,40). Les seins et les muscles pectoraux sont indiqués, mais le reste de la dalle est absolument lisse. Derrière, les cheveux, taillés courts, ne dépassent pas la nuque. Les omoplates sont exprimées aussi grossièrement que la poitrine. En un mot, c'est un buste plat sur une gaîne.

Peut-être quelqu'un verra-t-il des cornes dans ces deux bosses que j'ai prises pour des touffes de cheveux. Cependant des traits légers et droits qu'on observe par derrière, et qui, assurément, veulent dire des cheveux, se prolongent sur ces bosses et indiquent à mon avis qu'elles sont de même nature.

En somme, cette statue, si on peut lui donner ce nom, est ce qu'on peut voir de plus grossier pour le travail, et cependant il y a dans l'indication des traits une certaine régularité qu'on ne trouve pas dans les ouvrages très-barbares. Entre ce buste et les idoles sardes (1), par exemple, il y a une différence prodigieuse sous le rapport du goût, et toute à son avantage.

Ma première impression me portait à considérer cela comme un Terme antique, et un ouvrage des Romains. Mais un examen plus attentif me fit abandonner cette opinion. J'observai d'abord la forme inusitée de la pierre, plate, sans base, arrondie même à son extrémité inférieure par une courbure très-régulière, d'où l'on pourrait inférer qu'elle n'avait pas été destinée à être plantée debout. Puis, la barbe finissant en pointe, et les deux touffes de cheveux ont un caractère asiatique ou africain, plutôt que romain. Si les deux bosses de chaque côté de la tête étaient des cornes, on pourrait à la rigueur en faire un Priape, mais l'attribut essentiel manque absolument. En outre, dans

(1) Voir les idoles sardes dessinées par M. della Marmora, et reproduites dans les Religions de l'antiquité, etc., par M. Guignaud; planche LVI *bis*.

cette hypothèse, il faudrait encore une base, et l'on n'en voit point. Cependant le travail, si l'on peut appeler de ce nom les coups de ciseaux qu'on observe par derrière, sont une présomption qu'elle a été destinée à être vue des deux côtés. Peut-être était-elle portée dans quelque cérémonie barbare, attachée contre un arbre.... Combien de suppositions ne peut-on pas faire? Je ne pus obtenir le moindre renseignement sur les circonstances de sa découverte, sur les objets qui pouvaient se trouver dans le voisinage. Mon guide me répéta seulement du ton d'un homme sûr de son fait, que c'était une idole des Maures, et il ajouta cette historiette :

Qu'un berger trouva un jour une pareille statue avec cette inscription : *Girami, e ve-drai...* qu'à grand'peine on l'avait retournée, et trouvé la fin de l'inscription : *il rovescio.* C'est la contre-partie de l'histoire du licencié Gil Perez.

Mais, comme mon guide avait parlé d'une

statue et non pas d'une pierre, et qu'en outre il l'appelait, de son autorité privée, une idole des Maures, je suis porté à croire qu'il avait vu déjà quelque figure semblable à la statue d'Apricciani. Quant à moi, je ne partage pas son assurance, mais j'incline à croire que cette pierre représente ou une divinité, ou un héros, ligure, libyen, ibère ou corse. Pour prononcer en dernier ressort sur son origine, il faut attendre que le hasard fasse découvrir quelque autre monument du même genre. Espérons surtout qu'on pourra observer sa situation, et les circonstances accessoires qui paraissent ici incomplètement oubliées.

Quelle qu'elle soit, la statue d'Apricciani mérite d'être conservée, et j'ai prié M. le préfet de la Corse de la faire transporter à Ajaccio.

Il y a dans l'étude de l'archéologie des observations que j'appellerai négatives, qui ont leur importance. Par exemple, dans telle localité, l'absence de certains monuments est un fait aussi intéressant à constater que leur existence le serait dans une autre.

Je viens de décrire différents groupes de pierres d'apparence celtique ; j'ai parlé des immigrations qui ont conduit en Corse des peuplades de l'Asie, de l'Afrique et de l'Europe ; j'ai cité les anciennes relations des Corses avec les habitants de la Sardaigne : il entrait nécessairement dans le plan que je m'étais tracé de rechercher tous les moyens de vérifier ces faits ou ces traditions. — Trouve-t-on en Corse les monuments qui se rencontrent le plus fréquemment dans les pays celtiques ? Dans ceux qu'on suppose colonisés par les Phéniciens ? Existe-t-il quelque analogie entre les monuments de la Corse et de la Sardaigne ? Avec ceux de l'Étrurie ? Telles sont les principales questions que j'ai dû me poser.

En France on rapporte à une même civilisation et l'érection des dolmens et celle de certaines enceintes fortifiées, et la fabrication des *celts* ou haches de pierre et de cuivre, d'instruments en silex, d'armes et de bijoux d'une forme barbare ; — des vases, des statues, des instruments d'une forme caractéristique, certaines constructions remarquables se trouvent fréquemment dans les pays habités ou visités par les Phéniciens ; — des monuments empreints d'un type particulier et bien reconnaissable attestent l'antique civilisation des Étrusques. Sur beaucoup de points de la Sardaigne, des constructions étranges, nommées Nur-hags, des statuettes en bronze de Baal, de Moloch et d'autres divinités phéniciennes, des tombeaux entourés de pierres coniques (1), sont autant de souvenirs d'une religion et de mœurs dont il est intéressant de rechercher les analogues.

(1) Je ne connais ces monuments que par les dessins que M. Della Marmora a bien voulu me communiquer.

Rien de semblable n'existe en Corse à ma connaissance, et quelque minutieuses qu'aient été mes informations, elles n'ont jamais eu le moindre résultat. On sent d'ailleurs qu'il m'est impossible d'affirmer d'une manière absolue la non existence dans l'île des monuments que je viens d'énumérer. Tout ce que je puis dire, c'est que, après avoir questionné à cet égard un grand nombre de personnes, je n'ai jamais obtenu d'autre réponse que la négative. Partout, certains faits qu'on croirait devoir échapper à l'attention du vulgaire, n'ont pas laissé de frapper les esprits les moins éclairés. On ignore leur importance, on leur assigne une origine fausse, souvent absurde ; mais on les remarque, on en tient compte. En France, par exemple, je ne sache pas de village où la forme des haches, dites celtiques, n'ait attiré l'attention. Là, on les nomme pierres de tonnerre, ici, haches des sorciers ; nulle part on ne les a confondues avec des cailloux roulés parmi lesquels on les rencontre souvent. En Corse, les plus petites Stantare sont bien connues des pâtres des montagnes. Ils sont frappés de la forme des briques romaines, et les distinguent fort bien des modernes. Il est donc probable que, s'il existait dans l'île quelques objets du genre de ceux que j'ai cités, ils auraient excité la curiosité et laissé quelques souvenirs.

MONUMENTS ROMAINS.

Pline compte trente-trois cités (*civitates*) en Corse, et deux colonies romaines, Mariana et Aleria. Il est douteux que par le mot de *civitates*, il ait désigné des villes, dans l'acception moderne de ce mot. Plus probablement, il veut parler de tribus ou de peuplades, soit qu'elles aient eu une résidence fixe, soit qu'elles menassent une vie nomade. La ville la plus anciennement connue de la Corse est Aleria; elle devait avoir une enceinte fortifiée avant la première invasion des Romains, ainsi que l'atteste la fameuse inscription du tombeau de L. Scipion (1).

HEC CEPIT CORSICA ALERIAQVE VRBE

A aucune époque il ne semble pas que les Romains aient accordé beaucoup d'attention à la Corse. J'ai déjà rapporté le témoignage de Strabon sur la chasse aux hommes, et le commerce des esclaves qui se faisait de son temps, « esclaves à très-bon marché et très-mauvais, « dit naïvement le géopraphe, car ils aiment « mieux mourir (2) que de se façonner aux « manières de leur condition. » Je n'ai trouvé nulle part que les Corses aient fourni un contingent militaire aux armées impériales (3). Toutes les exportations de l'île consistaient en ces es-

---

(1) Consul l'an de Rome 494.

(2) Ἢ γὰρ οὐχ ὑπομένουσι ζῆν, ἢ ζῶντες, ἀπαθείᾳ καὶ ἀναισθησίᾳ τοὺς ὠνησαμένους ἐπιτρίβουσιν.

(3) Une inscription, rapportée par Muratori, a pu établir

claves, en cire et en miel ; et la pauvreté de ce commerce est une puissante raison de croire que jamais les maîtres du monde n'ont eu dans ce pays d'établissements considérables. Au reste, je n'ai jamais visité de province, autrefois soumise à leur empire, qui m'ait offert moins de vestiges de leurs arts et de leur civilisation.

Dans la plaine de Mariana, dans celle de Sagone, et dans la plaine du Liamone, près de l'embouchure de cette rivière, j'ai observé des fragments de tuiles à crochets, très-nombreux dans la première localité, très-rares dans les deux dernières. Sur l'emplacement de la ville d'Ale-

l'opinion contraire, mais il est évident qu'elle s'applique aux *Corsi* de la Sardaigne.

SEX IVLIVS SEX. F. POL. RVFVS
EVOCATVS DIVI AVGVSTI PRAE
FECTVS I. COHORTIS CORSORVM
ET CIVITATVM BARBARIAE IN SARDINIA

Muratori propose, avec raison, de lire BALARIAE au lieu de BARBARIAE.

ria, ces débris sont plus abondants que dans aucun autre endroit de l'île. On y trouve aussi
quantité de tessons de poterie noire et rouge,
quelquefois très-fine , souvent ornée de reliefs ;
on y recueille également des morceaux de verre
antique, quelques fioles , des fragments de marbre, de petits objets en bronze, la plupart brisés,
et provenant d'instruments très-grossiers, des
médailles (2) et quelques pierres gravées (1).
J'ai recueilli moi-même une moitié de meule de
moulin en lave. Plus heureux que moi, M. Vo-
gin, ingénieur des ponts et chaussées, a trouvé
une petite tête de statue en marbre blanc d'un

(1) La plupart du Haut et Bas Empire. Celles de Constantin
sont les plus communes. Je n'ai vu dans l'île que deux médailles
de la République, un denier de M. Brutus — M BRUTI. rev.
AHALA; un autre de la famille Tullia — ROMA. rev. M TULLI
c'est à Levie qu'ils me furent montrés , mais ils avaient été
trouvés l'un et l'autre à Aleria.

(2) M. le préfet de la Corse en possède une assez curieuse
c'est une cornaline sur laquelle est gravée en creux une tête
de jeune homme dont les cheveux frisés paraissent enveloppé
d'une espèce de résille, semblable à celles qu'on a trouvées
Saint-Jean et qui, peut-être, étaient une coiffure nationale.

assez bon travail, vraisemblablement, du Bas-Empire. Enfin, j'ai remarqué dans les murs du village moderne d'Aleria, quelques tronçons de colonnes en bien petit nombre, à la vérité, et de gros blocs de pierre provenant évidemment d'édifices antiques. Ces débris, si communs sur l'emplacement de la plupart des villes romaines, sont rares à Aleria, et je n'en connais pas d'autres dans le reste de l'île, si ce n'est dans la plaine de Mariana, où j'ai cru reconnaître un travail romain dans quelques colonnes de granit, et dans les archivoltes appliquées autour de l'apside de la petite église de San-Perteo. J'y reviendrai en décrivant cette chapelle.

Voici les deux seules inscriptions que j'aie rencontrées en Corse : la première est encastrée dans une des maisons du village d'Aleria presque en face de l'église :

FLAVIAE
MARIAE
VETVLLIANVS
CALPVRNIA
NVS FILIVS

Les caractères assez mal formés et presque cursifs donnent lieu de croire qu'elle n'est point antérieure au iii° siècle. Je ne pense pas qu'elle soit chrétienne; le nom de Maria devait être commun parmi les femmes romaines de la Corse, puisqu'il y avait une colonie fondée par Marius.

La seconde inscription, placée sur une pierre gravée servant de linteau, à la porte d'un jardin dans le village d'Erbalonga (1), est mutilée et à peu près indéchiffrable. On y voit seulement les lettres suivantes :

CALIS^{TO} NIEIM ⋮ CI

. . . .

Faut-il lire *Calisto*, à Calistus, ou *Calistoni* à Caliston ? Je serais tenté de lire *Calistoni et Mici..?* un nom propre comme Micyllus.

(1) A la sortie du village et à droite du chemin qui conduit à Siseo par la Marine.

BAINS ROMAINS.

On dit qu'on a découvert les substructions d'un établissement thermal près de Lavatoggio, dans le lieu nommé la Caldanica. Je ne les ai point visitées, et j'ignore si elles existent encore.

Dans la plaine de Mariana, entre les églises de la Canonica et de San-Perteo, j'ai observé une maçonnerie en ruines, de forme carrée, avec deux petits hémicycles, qui n'en sont séparés que par une traverse peu élevée. L'appareil est irrégulier, entremêlé sans ordre de quelques tuiles à crochets. Nul vestige de parement. A l'intérieur des hémicycles qui ont un peu plus de 1^{m}3o de diamètre, une couche de ciment rougeâtre, très-épaisse, recouvre les pierres, et paraît avoir été destinée à recevoir de l'eau. Peut-être étaient-ce les bassins d'une salle de bains. Malgré l'absence de parement, je regarde cette maçonnerie comme romaine.

RUINES D'ALERIA (INCERTAINES).

Aleria offre des ruines un peu plus intéressantes, mais malheureusement fort incertaines. Après les avoir décrites, je hasarderai quelques conjectures sur leur origine.

L'ancienne ville, ainsi que le fort moderne, auprès duquel se groupent quelques maisons, est située non loin de la mer, sur une éminence assez escarpée au nord et qui s'abaisse graduellement vers l'est. Le Tavignano (1), rivière peu

(1) Rhotanus des anciens.

profonde, mais assez large, coule au nord de la ville et se jette dans la mer à trois quarts de lieue du port. Au nord, l'étang de Diana (nom remarquable), au sud, les étangs dell' Sale et d'Urbino passent pour rendre la côte très-malsaine. De fait, aussitôt après la moisson, le village devient désert, et la fièvre attend immanquablement quiconque s'aviserait d'y passer la nuit. Lorsque je visitai Aleria, je n'y trouvai qu'un vieillard souffreteux que les propriétaires paient pour garder le blé renfermé dans les maisons. Le fort même et le poste de la douane étaient abandonnés. La plaine est d'ailleurs très-fertile, bien que le terrain soit sablonneux, et l'on peut juger de la bonté du sol à la hauteur et à la vigueur du mâquis qui couvre tous les endroits où la charrue n'a point passé depuis peu.

Les remparts, reconnaissables sur beaucoup de points, suivent en partie les contours de la colline, et il semble que la ville fut divisée en

déux quartiers, car les substructions d'une muraille séparent le plateau supérieur d'une autre
enceinte au nord, du côté du Tavignano. Probablement cette dernière partie était un fau-
bourg réuni plus tard à la ville (1). Les murailles
sont épaisses, d'appareil incertain, très-gros-
sières, flanquées de tours rondes. Je n'ai vu
nulle part le moindre vestige de parement, et,
autant qu'il est possible de juger de ruines
aussi informes, elles m'ont paru avoir plus d'a-
nalogie avec des murs du moyen-âge qu'avec
des remparts romains. C'est à l'intérieur de cette
enceinte, aujourd'hui cultivée en blé, qu'on
trouve les médailles et les poteries dont j'ai
parlé.

En se dirigeant au S.-S.-E. du fort on ape-
çoit d'abord un pilier carré avec deux amorces

____

(1) Peut-être aussi a-t-on abandonné cette portion de la ville
à une époque où la population d'Aleria avait diminué, ou bien
lorsque les invasions des Maures obligèrent à se retrancher dans
la partie le plus aisée à défendre. Lillebonne offre un exemple
d'un quartier ainsi abandonné.

d'arcades, élevé de terre d'à peu près 3 mètres, large d'un mètre, revêtu d'un parement d'appareil réticulé, interrompu vers le milieu du pilier, non point par des briques, mais par une assise de gros moellons bien taillés. A mon avis il n'est pas douteux que ce ne soit les débris d'un édifice romain, d'un portail, ou bien d'un portique. Mais aussitôt se présente un problème bizarre. Fort près du pilier, mais dans un alignement irrégulier (1) par rapport à celui-ci, on trouve une enceinte carrée en ruines, d'environ 40 mètres sur 30, qui semble d'une époque et d'un travail tout différent. On la nomme la *Sala reale*. Il est difficile de s'expliquer comment le portail ou le portique dont il reste un pilier, a pu exister en même temps que l'enceinte, et cependant cette enceinte est évidemment plus moderne. En la bâtissant sur son alignement actuel pour quelque raison qu'on ne peut deviner aujourd'hui, on a conservé les

(1) Le pilier est placé légèrement *de biais* à quelques mètres de l'angle nord de l'enceinte.

arcades préexistantes en dépit de leur direction.

L'appareil de l'enceinte est plus irrégulier et plus grossier encore que celui des murs de la ville. C'est un *opus incertum* auquel on a tâché de donner l'apparence d'un parement en plaçant les pierres, à l'extérieur, du côté le moins rude. En quelques points les murs de cette enceinte s'élèvent à 1,50, épais d'au moins 0,90; ailleurs ils dépassent à peine le niveau du sol; partout pourtant le périmètre en est bien reconnaissable. On ne voit de porte nulle part, sinon la double arcade dont j'ai parlé.

Vers le milieu du mur qui fait face au nord se trouve une ouverture pratiquée depuis peu, me dit-on, par laquelle on entre en rampant dans un souterrain long de 10 mètres environ, large de 4, de même appareil que l'enceinte, mais dont la voûte mérite une description détaillée. Sa forme surbaissée se rapproche un peu de l'arc de Tudor, ou à quatre centres;

SALAREALE
Aleria.

Toutefois la courbe est encore plus déprimée,
et elle pénètre sous un angle droit les murs latéraux, tandis que l'arc à quatre centres se lie
par une courbe aux piédroits qui le portent.
D'ailleurs la voûte de ce souterrain est si mal-
adroitement exécutée, que son profil varie tous
les deux ou trois mètres. On reconnaît qu'elle
se compose d'un blocage jeté avec beaucoup de
ciment sur des planches posées presque au hasard, de façon à former plutôt un polyèdre
irrégulier qu'une courbe précise. L'enduit, ou
le ciment qui unit les pierres, porte l'empreinte
de ces planches raboteuses et fort inégales, sur
lesquelles il s'est consolidé. On en observe les
joints très-distinctement. Il paraît encore qu'on
n'a pris aucune précaution pour qu'elles fussent
placées de même niveau dans le sens de la
longueur de la voûte. Au point de jonction il
y a une différence de plusieurs centimètres
entre les portions de l'intrados.

Quoique fort encombré de terre et de gravois,

le souterrain a encore sous clef une hauteur
d'environ 1,60. Les gens du village d'Aleria ont
percé les murs latéraux en plusieurs endroits
dans l'espérance de trouver un trésor : inutile
de dire qu'ils n'ont pas réussi. J'oubliais de noter une singularité, c'est qu'on ne voit nulle part
la porte de ce souterrain, en sorte qu'on pourrait le croire bâti uniquement pour rendre
moins humides les constructions qui s'élevaient
au-dessus (1).

A mon avis la *Sala Reale* ne peut être un ouvrage des Romains, car, même dans les temps
de la plus grande décadence, leurs édifices les
moins considérables étaient bâtis avec plus de
soin, ou, pour mieux dire, avec moins de né-
gligence. Assigner une époque à ces bizarres
substructions n'est point chose facile, et je ne
le tenterai pas avant d'avoir comparé leurs ca-

(1) On trouve de fréquents exemples de cette pratique; mais
on ne peut arrêter une opinion à cet égard, tant qu'on n'aura
pas complètement déblayé le souterrain.

ractères à ceux d'une ruine voisine que l'on nomme le Cirque, et qui est au moins aussi délabrée.

A 4 ou 5oo mètres de la Sala reale existent quelques pans de murs et des substructions dont la forme en ovale arrondi donne l'idée d'un petit amphithéâtre. On distingue trois enceintes concentriques ; mais, dans l'état de ruine où elles se trouvent, il est bien difficile de suivre exactement leur périmètre. Tantôt l'enceinte extérieure s'élève à 1,5o au-dessus du sol, tantôt elle disparaît complètement, et c'est l'enceinte moyenne ou intérieure qui sort de terre et qui s'est conservée. De grands pans de murailles tombés tout d'une pièce en dedans et en dehors, une masse énorme de pierres détachées, de la terre et des broussailles touffues ajoutent encore à la difficulté de reconnaître exactement la forme primitive de l'édifice. Je crois cependant que le grand axe de l'ovale était de 23 mètres; le petit, de 19 à 20 en œuvre.

Entre les enceintes règnent deux *précinctions* couloirs d'environ 3 mètres de largeur; mais je n'ai pu découvrir traces de gradins; de voûtes ou d'arcades, pas davantage, si ce n'est vers le nord où l'on voit une amorce d'arcade ou de voûte avec quelques claveaux en briques. Peut-être ai-je tort de me servir du mot de claveaux, car ce n'est à vrai dire qu'un *opus incertum* dans lequel on a jeté des briques et des tuiles cassées au lieu de pierres.

Pour la rudesse et la mauvaise construction, l'appareil de ces murs ne diffère point de la Sala Reale, si ce n'est qu'on y observe un plus grand nombre de grandes tuiles à crochets , de deux pieds de long , mais généralement brisées et disséminées sans ordre. Dans une portion de la muraille du côté sud seulement, on aperçoit comme *une intention* d'établir un cordon de briques régulier. Toutefois, il ne paraît que sur une longueur de 3 ou 4 mètres, et se perd aussitôt dans l'*opus incertum*, composé de

morceaux de schiste bruts, de cailloux roulés,
tirés du Tavignano, et çà et là, mais rarement,
de grosses pierres taillées, ébréchées sur leurs
angles, provenant évidemment d'édifices plus
anciens. Tous ces matériaux sont unis avec un
ciment très-épais, d'une solidité remarquable.
A la base des murs, on observe un crépi blan-
châtre, qui porte l'empreinte d'un moule en
planches, absolument semblable à celui que j'ai
décrit tout à l'heure.

Ce cirque, car je ne puis trouver une autre
destination, est bâti sur un terrain accidenté,
escarpé au N.-E., et s'abaissant vers l'O.

Peut-on attribuer aux Romains des constructions aussi grossières? Je ne le pense pas.
Le motif qui détermine mon opinion, n'est
point l'absence d'un parement qui, en raison de
l'emploi du schiste, eût été d'une exécution
difficile; mais je ne puis admettre qu'à aucune
époque les Romains aient à ce point mis en oubli

toutes leurs pratiques. Dans les pays où ils n'ont point trouvé de matériaux convenables, ils les ont remplacés par des briques ou par des tuiles, mêlées régulièrement à l'*opus incertum*. Enfin le pilier de la Sala Reale est une preuve qu'ils n'ont point abandonné en Corse leur système ordinaire de construction.

Supposer que cet amphithéâtre soit un reste de la ville grecque ou étrusque d'Aleria, me paraît encore moins soutenable, car les tuiles à crochets et les pierres taillées mêlées à l'appareil ne peuvent provenir que d'édifices romains.

L'emploi de formes en planches, entre lesquelles on a pour ainsi dire moulé les murailles, et qui se retrouve dans les plus anciennes constructions moresques de Cordoue et de Grenade, me feraient plutôt soupçonner que ces ruines sont d'origine arabe. Aleria fut occupée pendant assez longtemps, et à plusieurs

reprises par les Maures. Les premiers corsaires qui la prirent la saccagèrent de fond en
comble, mais lorsque le nombre de leurs compatriotes s'accrut, ils durent chercher à relever
les ruines romaines et à s'y établir. Passionnés
pour les courses de taureaux et les luttes
d'hommes, il ne serait pas extraordinaire qu'ils
eussent bâti, ou même seulement restauré l'amphithéâtre. De ses proportions toutes mesquines,
on peut conclure que la population d'Aleria
était très-faible à l'époque où il fut construit,
car je ne suppose pas qu'il ait jamais pu contenir plus de deux mille spectateurs (1).

On assure que, vers l'embouchure du Tavignano, on a reconnu sur le sable les ruines
d'un môle construit de gros blocs ; d'après d'autres rapports, ce seraient les piles d'un pont
établissant une communication entre Aleria et

(1) J'ai attribué ces constructions aux musulmans, mais elles
peuvent encore être l'ouvrage des chrétiens du VIIe au VIIIe
siècle, époque de barbarie, s'il en fut.

l'étang de Diana. — Un port serait fort mal placé à l'embouchure du Tavignano, et l'opinion qui place le port d'Aleria dans l'étang de Diana me paraît plus plausible. La profondeur de l'eau, la hauteur des rives le rendent propre à cette destination : on sait qu'il communique à la mer par un goulet étroit. Quelquefois, dit-on , on tire de cet étang des anneaux de fer et des morceaux de plomb. Questionné sur ce point , l'unique habitant d'Aleria m'affirma qu'il avait souvent ramassé des morceaux de plomb, mais qu'il n'avait jamais vu d'anneaux. Il pensait que le plomb provenait de filets à pêcher, car il ne différait en rien pour la forme de celui qu'on emploie aujourd'hui pour le même usage. Au reste , on trouve encore des tuiles romaines à l'embouchure du Tavignano et sur les bords de l'étang de Diana (1).

(1) Voir note C.

CARRIÈRE DE L'ILE DE CAVALLO.

Ni à Bonifacio, ni dans les environs, je n'ai pu découvrir la moindre trace, ni recueillir aucun souvenir de la ville de Palla, qui, sous les Romains, avait quelque importance comme port, surtout pour les communications de la Corse avec la Sardaigne. Elle était l'un des aboutissants de la seule route existant dans l'île, qui partait de Mariana en suivant, à ce qu'on croit, la côte orientale; son développement était de cent vingt-cinq milles. On croit généralement que Palla occupait l'emplacement de Bonifacio, mais sans autre motif que la situation de cette dernière ville, séparée de la Sardaigne par un canal de trois lieues seulement (1).

(1) Depuis la rédaction de ce Mémoire, j'ai lu une dissertation intéressante de M. Robiquet, qui établit, par la comparaison des distances, que Bonifacio doit être le *Portus Favoni* de l'itinéraire. Palla aurait été située vers la cale de Tizzano. Voir *Recherches sur la Corse*, p. 15.

Le territoire de Bonifacio présente un cas rare en Corse, où le schiste et le granit composent presque tous les terrains. A Bonifacio, et sur une étendue de quelques milles seulement, le sol est calcaire. Dans les petites îles jetées entre la Corse et la Sardaigne, le granit reparaît. Il est rougeâtre, et se débite facilement; mais sur la petite île de Cavallo, à quelques milles à l'est de Bonifacio, il existe un banc de granit gris très-compacte, d'un grain serré et d'une teinte uniforme, non interrompu par des taches tranchant sur le fond. On suppose que les Romains, ayant reconnu l'excellente qualité de ce banc, en avaient commencé l'exploitation ; mais , depuis un temps immémorial, les travaux ont été suspendus et les blocs détachés de la masse, restent gisant sur la carrière (1).

En abordant une petite anse au sud de l'ile,

____

(1) On en a pris seulement quelques uns, il y a peu d'années, pour faire des bornes d'amarrage dans le port de Bonifacio.

on remarque d'abord les formes prismatiques et régulières de roches éparses au bord de la mer, et l'on ne tarde pas à reconnaître qu'elles ont été jetées de la partie supérieure du rocher, après avoir été grossièrement équarries sur place. La plupart ont l'apparence de tables carrées, très-épaisses. La masse, anciennement exploitée, a été attaquée par le milieu. C'est un rocher sans aucune fissure apparente, long de plus de 40^m et large de 12. Au milieu, un grand espace vide montre qu'on en a débité une hauteur d'environ 7^m, sur une longueur de 12 ou 15, et il ne paraît pas qu'on ait encore atteint la base du rocher. On voit dans ce vide plusieurs blocs prismatiques longs de 8 à 9^m, destinés évidemment à faire des colonnes, des tables, des cippes, des pilastres, tout cela très-rudement ébauché; une colonne longue de 9^m a particulièrement attiré mon attention par le travail singulier dont elle a été l'objet. Au lieu de la façonner suivant notre usage, en prisme à 4 ou 8 pans, de l'épanneler, en un mot, on l'a dégrossie à coups de masse, au juger comme il semble, en tâchant de lui donner la forme la plus rapprochée du cylindre ; on s'aperçoit même que l'astragale a été réservée. Grâce à ce procédé barbare, il faudrait aujourd'hui pour la polir en diminuer beaucoup le diamètre. Une autre colonne plus petite offre exactement le même travail, et j'ai cru observer qu'on les avait abandonnées l'une et l'autre, parce qu'on a reconnu qu'elles étaient trop profondément entamées. — Si ce procédé était d'un usage général chez les Romains, je ne comprends pas que de semblables accidents ne se renouvelassent pas sans cesse. Quant aux moyens employés pour détacher les blocs du rocher, on peut s'en rendre compte très-facilement en examinant une tranche énorme coupée, mais non séparée de la masse. Une longue rainure, profonde de 0,02, a été pratiquée sur le sommet de la carrière et sur ses côtés. De deux en deux pieds à peu près, on observe des cavités plus larges et plus profondes, qui, évidemment, ont reçu des coins. Ils étaient de bois, je le suppose, car le granit est poli en ces endroits, au lieu d'être égrené, ce qui aurait eu lieu assurément, si l'on avait fait usage de coins de fer. La fente déterminée par ce moyen est nette et parfaitement verticale.

Vers le centre de l'île, un amas de cendres, de laitier et de pierres ayant subi l'action du feu, me paraît indiquer l'emplacement de la forge où l'on fabriquait ou réparait les instruments d'exploitation (1).

Nulle part je n'ai vu de colonnes romaines ébauchées; probablement il en existe en Italie et même en France; mais je ne puis croire qu'on employât partout le même procédé barbare en usage dans l'île de Cavallo. Cela serait toutefois plus vraisemblable, que d'attribuer cette ex-

(1) M. Della Marmora a reconnu une exploitation analogue dans un des îlots sardes, voisins de la Maddalena.

ploitation aux anciens habitants de l'île , qui, suivant toute apparence, ne se mettaient guère en peine de fabriquer des colonnes (1).

TOMBEAUX DE CERVARICIO ET DE BONIFACIO.

Je ne sais à quelle époque rapporter quelques tombeaux dont l'origine est inconnue, qui se trouvent épars sur la colline de Cervaricio, commune de Figari. Ce sont , à proprement parler, des espèces de caisses formées de dalles de granit longues de 2^{m}5o , larges de o^{m}8o, assemblées à angle droit comme des bières. Les couvercles se trouvent souvent au-

(1) Les colonnes qu'on voit à l'apside de San-Perteo , d'un granit tirant sur le rose , diffèrent essentiellement de celui qu'on exploitait dans l'île de Cavallo.

près de ces tombeaux, car on ne peut, que je sache, leur assigner une autre destination. Les cercueils qu'on voit en si grand nombre auprès d'Arles, d'Apt, et dans le voisinage de beaucoup de villes romaines, sont toujours taillés dans une seule pierre. Sans doute, à Cervaricio, la facilité avec laquelle on débite le granit en le fendant avec des coins a fait préférer cette méthode. D'ailleurs nulle inscription, nul ornement n'aide à deviner l'époque à laquelle ces cercueils ont pu être fabriqués. Aucune tradition ne s'y rattache, et je n'ai vu personne qui eût assisté à l'ouverture d'un de ces tombeaux. Ils peuvent appartenir à l'époque romaine aussi bien qu'aux premiers siècles du christianisme.

On voit dans l'église de Sainte-Marie, à Bonifacio, un tombeau en marbre blanc, orné de quelques sculptures médiocres, que je crois du IIIe ou du IVe siècle. Peut-être a-t-il été transporté en Corse par quelque évêque. Il ne diffère

en rien de ces sarcophages du Bas-Empire qu'on
trouve dans tous les musées. C'est le seul que
j'aie rencontré en Corse.

MONUMENTS

DU MOYEN-AGE.

ÉDIFICES RELIGIEUX.

DES ÉGLISES DE LA CORSE EN GÉNÉRAL.

J'ai vainement cherché à recueillir des renseignements historiques sur les principales églises de la Corse; je n'ai trouvé que des traditions incertaines, souvent contredites par le caractère des monuments eux-mêmes. En général on leur attribue une date évidemment trop ancienne, sans doute par suite de cette méprise ordinaire qui confond l'institution primitive

d'une église, avec les reconstructions succes-
sives qui ont eu lieu sur le même emplacement.
L'époque que l'on assigne souvent aux plus
anciens de ces édifices est celle de l'expulsion
définitive des Maures, que suivit vraisemblablement un élan de ferveur religieuse manifestée
dans cette île, comme partout, par une foule
de pieuses fondations. Suivant les annalistes
corses, ce grand événement aurait eu lieu au
commencement du ixe siècle; mais il est plus
que probable, comme nous l'avons dit au commencement de ce mémoire, que les Sarrasins
ne furent complètement chassés qu'au xie.
Parmi tous les édifices que j'ai examinés, il n'en
est aucun qui m'ait paru antérieur à cette
époque. Les plus anciens en présentent tous les
caractères, et, à moins de supposer que la renaissance des arts ne se soit opérée en Corse
plutôt que sur le continent, on admettra cette
date comme la plus reculée que l'on puisse assigner aux monuments qui nous occupent. Si
l'on considère que les matériaux propres à bâ-

tir sont rares dans l'île, et d'un emploi toujours difficile; que les Arabes, en se retirant, avaient détruit les villes principales; que les habitants pauvres, ignorants, divisés entre eux (1), harassés par des incursions incessantes, furent obligés d'appeler des étrangers à leur aide pour les délivrer des Sarrasins, on n'hésitera pas, je pense, quelque haute opinion que l'on ait de l'intelligence des Corses, à regarder comme insoutenable l'opinion qui ferait de leur île le berceau de l'architecture romane. D'un autre côté l'on observera que ce style, assurément importé en Corse, y est resté plus stationnaire qu'en aucun autre pays, au point qu'on y trouve des édifices du xive siècle et même du xve (2), conservant encore la plupart des caractères qui distinguent en France le roman primitif; par exemple, la forme des arcs, celle des

(1) Beaucoup de Corses avaient embrassé la religion musulmane.

(2) Voyez plus bas la description de l'église de Sainte-Christine, à Cervione.

fenêtres, de plusieurs détails d'ornementation, etc. De là résulte une grande incertitude sur les dates et, dans nombre de cas, l'impossibilité presque absolue de les déterminer avec quelque précision.

Le type adopté au xie siècle en Corse, et qui s'y est pour ainsi dire perpétué, se trouve, à mon avis, dans la Toscane, et les églises bysantines de Pise sont les originaux dont les architectes corses ont fait des copies, pour ainsi dire en *miniature.* Entre les églises des deux pays on n'observe guère d'autres différences que celles qui doivent résulter de l'inégalité des ressources. Un peuple de hardis navigateurs, recherchant avec passion les débris antiques qui couvraient son territoire, en amenant d'autres de loin sur ses vaisseaux pour en orner les temples de sa patrie, riche par son commerce et ses manufactures, devait, on le sent, cultiver les arts avec un tout autre succès qu'un peuple de bergers et de soldats, sans industrie, sans autres

richesses que ses troupeaux et un sol fertile,
mais continuellement ravagé. A l'époque où
les Pisans s'établirent en Corse et y exercèrent
une espèce de protectorat, on a vu que les insulaires obtinrent un repos qui leur était in-
connu, et qu'alors seulement ils purent songer à imiter les arts du peuple qui leur
apportait la civilisation.

Je ne doute donc pas, avec Filippini, que ce
ne soit dans cette période que s'élevèrent la
plupart des églises que je vais décrire. Il est
possible, et même très-vraisemblable, que des
églises plus anciennes aient existé dans les
mêmes lieux; mais il faut bien se garder de les
confondre. Rien de plus naturel, de plus con-
forme à toutes les pratiques du moyen-âge, que
de bâtir sur les lieux mêmes où existaient
d'autres édifices déjà consacrés, soit qu'ils
fussent ruinés, soit qu'ils parussent déjà trop
petits ou trop mal construits pour le goût perfectionné par le contact des Pisans.

ÉGLISES ROMANES

DES XIe ET XIIe SIÈCLE.

LA CANONICA.

J'ai dit que je n'avais point vu en Corse d'église qui m'eût paru antérieure au XIe siècle. Je vais décrire les plus remarquables de cette époque, et je commencerai par celle qui offre le type le plus complet de l'architecture particulière au pays, et qui en résume pour ainsi dire tous les caractères.

La Canonica, située dans la plaine de Mariana, et dans le lieu où la tradition place l'ancienne colonie de Marius, se trouve maintenant isolée de toute habitation, au milieu d'une

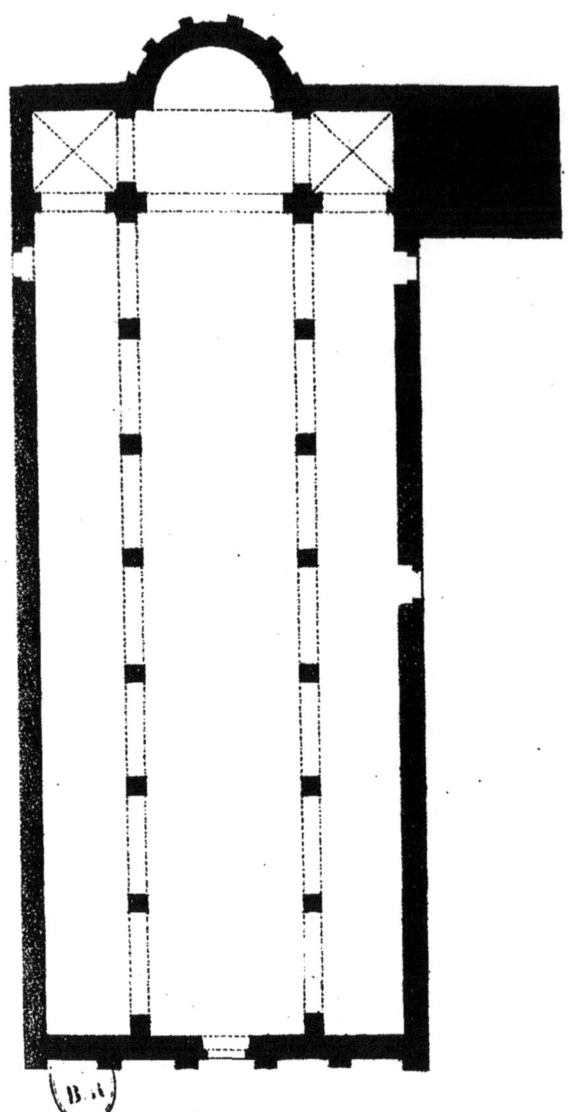

Plan de la Canónica.

assez vaste plaine cultivée. Sa toiture est détruite, les portes n'existent plus, mais la maçonnerie est debout et promet encore une longue durée.

L'architecture de la Canonica est d'une grande simplicité, mais d'une simplicité qui n'exclut pas l'élégance. C'est une basilique de 32^m sur 12, divisée en trois nefs par des piliers carrés, fort élevés pour leur diamètre ($0^m,55$), qui portent des arcades en plein cintre un peu moindres qu'un demi-cercle. L'apparence générale est d'une extrême légèreté, et, sous ce rapport, la Canonica se distingue de la plupart des édifices bysantins. Nul ornement aux piliers, si ce n'est une mince moulure sur les tailloirs (1).

Devant l'apside, de forme semi-circulaire, s'élève une voûte en berceau couvrant une

(1) Elle ne se reproduit pas avec régularité, et n'a d'ailleurs ni la grâce ni la richesse de l'architecture romane, dans le midi de la France.

7

travée de la nef centrale. Dans les bas-côtés, les deux travées correspondantes ont des voûtes d'arêtes, dont les retombées s'appuient à des consoles historiées de style bysantin très-barbare. Toutes ces voûtes, ainsi que le cul-de-four de l'apside, sont en plein cintre, et construites en blocage. Ce sont les seules existant dans l'église, car le reste de la nef et des bas-côtés n'avait qu'une couverture en charpente. On reconnaît qu'un incendie, dont je n'ai pu apprendre la date, mais que je crois très-ancien (1), avait fortement endommagé toute la partie supérieure de la basilique. Aujourd'hui, les traces en subsistent encore dans des réparations exécutées en briques, qui ont remplacé les pierres dans plusieurs travées au N.-O. de l'église. A cette époque, sans doute, on a baissé la toiture, et, suivant toute apparence, on a fabriqué une voûte en planches divisée par travées, et portée sur des poutres

(1) V. note D.

transversales qui s'implantaient dans les murs latéraux, au-dessus des piliers. Du moins, on ne peut autrement expliquer la destination de ces trous percés au-dessus des piliers et à demi remplis de maçonnerie moderne. D'ailleurs, on jugera du peu de soin qui a présidé à ce travail, en observant que cette voûte en planches, dont on suit les traces sur les murs latéraux, devait masquer en partie les fenêtres de la nef.

Ces fenêtres sont assez irrégulièrement espacées, et l'on en voit rarement une ouverte dans l'axe de l'arcade. En revanche, celles des bas-côtés répondent exactement à celles de la nef centrale (1), et l'on notera, comme un caractère remarquable, leurs dimensions si étroites qu'elles ressemblent à des meurtrières. A l'ex-

(1) On serait tenté de croire, d'après cette irrégularité, que la nef aurait été reconstruite en entier, les murs latéraux des bas-côtés subsistant seuls après l'incendie. Mais si l'on remarque d'un côté la similarité parfaite de l'appareil, de l'autre les traces de la voûte en bois construite après l'incendie, on sera forcé de n'attribuer la position excentrique des fenêtres de la nef qu'à la maladresse des ouvriers.

ception de la fenêtre percée au centre de l'apside, et qui est ornée d'une petite archivolte à trois claveaux en marbre blanc, toutes les autres ont leur amortissement formé d'une seule pierre échancrée en plein cintre. Nous verrons cette disposition se reproduire en Corse dans presque toutes les églises. Quelquefois le chambranle de la meurtrière est taillé en biseau à l'intérieur comme à l'extérieur (c'est le cas pour les fenêtres de la nef à la Canonica); d'autres fois, elles présentent une suite de plans en retraite qui rétrécissent l'ouverture au centre du mur. Telles sont les fenêtres de l'apside, car cette disposition, un peu plus soignée, semble réservée pour les parties auxquelles on a voulu donner quelque ornementation.

La Canonica a quatre portes: la principale au milieu de la façade occidentale; une autre au milieu de la face méridionale; deux autres enfin, l'une au midi, l'autre au nord, donnant dans l'avant-dernière travée des collatéraux (en partant de la façade); ces deux dernières sont étroites, basses, carrées, surmontées d'un épais linteau monolithe dont l'amortissement est décrit par un angle obtus. Une archivolte, renfermant un tympan tout nu, surmonte la porte méridionale percée au milieu de l'église. La porte occidentale a deux archivoltes sculptées que je décrirai tout à l'heure.

Quatre pilastres divisent la façade dans sa partie inférieure; deux fort larges répondent aux murs des collatéraux; deux autres, un peu moindres, aux piliers intérieurs. Les uns et les autres ont perdu leur couronnement. Au centre s'ouvre la porte, flanquée de deux petits pilastres que surmontent des chapiteaux écrasés, en marbre blanc, à palmettes grossières. Sur le linteau, on voit d'autres palmettes avec des entrelacs bizarres. Une autre espèce d'entrelacs formés de cercles qui se coupent, orne l'archivolte inférieure. La supérieure, un peu plus large, présente plusieurs animaux très-grossièrement sculptés. On distingue des griffons, un cerf poursuivi par des chiens, enfin un agneau portant le labarum. Toutes ces sculptures, d'une exécution très-barbare et taillées dans le nu de la pierre, ont tous les caractères du style bysantin primitif. Quant au tympan, il est absolument nu.

À la hauteur du toit des collatéraux, règne une longue corniche qui divise la façade en deux parties, et se prolonge ensuite sur les faces latérales. Au-dessus s'ouvre un œil-de-bœuf très-étroit. Vient enfin le fronton un peu plus obtus que ceux du continent bâtis à la même époque; dans le milieu est une fenêtre, ou plutôt une meurtrière, en forme de croix. — Il se peut que ce fronton, très-délabré dans sa partie supérieure, ait été restauré après l'incendie dont j'ai déjà parlé.

Comparée avec la façade si pauvre d'ornementation, l'apside offrira quelque recherche. Neuf pilastres l'entourent, qui soutiennent une arcature, en plein cintre surhaussé, appliquée au-dessous de la corniche. Des chapiteaux corinthiens, épannelés seulement, et d'un travail très-médiocre, surmontent tous ces pilastres, à l'exception de deux seulement qui sont historiés, et d'une exécution encore plus barbare. A vrai dire, ce sont de petits bas-reliefs taillés dans le nu de la pierre; l'un, au côté sud de l'apside, représente deux griffons; l'autre, au nord, un taureau avec une étoile devant lui. Peut-être doit-on considérer ce taureau comme un signe symbolique, indiquant le mois de la fondation ou de la consécration de l'église; peut-être n'est-ce qu'un simple caprice.

Entre chacune des arcades figurées qui retombent sur les pilastres, on en voit deux autres plus petites, également cintrées. Cette arcature, qui forme le motif de décoration le plus ordinaire en Corse, rappelle certaines constructions de l'Italie et des provinces rhénanes. C'est encore une arcature qui orne les rampants du fronton oriental. Tous les arcs sont en plein cintre, surhaussés, et s'appuient sur des modillons d'une forme bizarre, qui figurent une espèce de bec ou de crochet sortant d'une petite console surmontée par un tailloir. Les modillons de la nef sont variés de forme ; mais un seul présente quelque tentative d'ornementation : c'est une tête grimaçante, d'ailleurs fort mal sculptée.

L'appareil de la Canonica est remarquable. Il se compose d'un *opus incertum*, revêtu, à l'intérieur comme à l'extérieur, d'un placage de dalles placées alternativement à plat et de champ. Ces dalles, très-régulièrement taillées et assemblées avec une précision singulière, sont d'un grès siliceux, à grain très-fin et d'une grande dureté. C'est sur la même pierre qu'ont été exécutées les sculptures des archivoltes et du linteau de la façade. De loin, ces assises, alternativement minces et épaisses, se distinguent facilement à la manière différente dont elles réfléchissent la lumière, peut-être aussi parce que les lichens s'attachent avec plus de facilité sur la pierre placée dans un sens que dans un autre. Il en résulte l'apparence d'une alternance de couleurs. Les piliers de la nef sont construits de même; mais leurs assises se composent uniquement de dalles de grès siliceux.

Près de l'apside et du côté sud, on remarque trois grandes dalles encastrées dans le mur comme au hasard, et qui ne m'ont pas semblé à leur place. Elles sont chargées d'ornements, étoiles, losanges, cercles concentriques, etc., taillés en creux et remplis d'un mastic ou d'une pierre verdâtre très-foncée. Il serait possible qu'elles provinssent du fronton primitif de l'église; car on se souvient que le fronton actuel porte des traces de restauration. Je dois signaler, comme un fait caractéristique, l'absence de contreforts, et même de pilastres sur les faces latérales de la Canonica. On ne les voit que très-rarement employés dans les églises corses.

J'oubliais de noter qu'au sud de l'église, attenant à la travée voûtée du collatéral, on voit un massif plein, carré, de 6 mètres de côté, et démoli à une hauteur de 3 ou 4 mètres. C'est, je crois, la base d'un campanile. J'ignore d'après quelle tradition les paysans qui viennent travailler dans les champs d'alentour, se sont imaginé que cette maçonnerie renfermait un trésor. Plusieurs trous ont été pratiqués; mais je n'ai pas besoin de dire que toutes les recherches ont été sans résultats. Comme on ne voit aucune trace d'escalier ni à l'intérieur de l'église ni à l'extérieur du campanile, il faut admettre qu'on n'y montait que par une échelle. C'est ainsi qu'on entre encore dans la plupart des tours bâties sur le le bord de la mer. Sans doute cette disposition, peut-être même la forme des fenêtres, ont été adoptées dans un but de défense. La Canonica, à une petite distance de la côte, était particulièrement exposée aux descentes des pirates (1).

Telle est l'ancienne cathédrale de Mariana. Son ornementation ne se distingue que par sa pauvreté de celle qui caractérise nos plus anciennes églises byzantines; et le mérite principal de l'édifice, c'est sa légèreté et sa bonne disposition où règne je ne sais quelle simplicité antique, de bon goût, qui ne se trouve pas toujours dans d'autres églises infiniment plus riches. Je résumerai ainsi ses caractères principaux : plan en forme de basilique, deux travées dans les collatéraux disposées pour servir de chapelles, absence de voûtes, fenêtres en forme de meurtrières, appareil calculé pour l'ornementation, sculptures taillées dans le nu de la pierre, ornementation médiocre et timidement exécutée.

(1) On voit autour de la Canonica quelques restes d'une enceinte que je crois contemporaine de l'église, et qui avait sans doute une destination militaire.

SAN-PERTEO.

San-Perteo, petite église voisine de la Canonica, paraît avoir été construite à peu près dans
le même temps; du moins elle lui ressemble
beaucoup, tant par la disposition générale, que
par l'appareil, la forme des fenêtres et des
portes, et par le style des sculptures. San-Perteo
n'a qu'une nef, et cependant de chaque côté de
l'apside une voûte ruinée annonce une chapelle
semblable à celle de la Canonica, ce qui montre
une disposition traditionnelle pour cette partie
de l'église, disposition conservée en dépit de la
différence du plan. La situation actuelle des deux
églises offre même de grands rapports; toutes
les deux, dépourvues de voûtes, ont perdu
leur toiture, et leurs portes ont été enlevées.
Elles semblent l'une et l'autre avoir souffert
une catastrophe semblable. La façade occiden-

tale de San-Perteo n'a d'autre ornement qu'un linteau grossièrement sculpté, appuyé sur deux petits chapiteaux écrasés, qui n'ont pas même de piédroits pour les recevoir. Au sud, dans la nef, s'ouvre une seconde porte dont le linteau, couvert d'un mauvais bas-relief, représente deux lions séparés par un arbre, ou quelque chose de semblable. J'ai hâte d'arriver à l'apside, la seule partie de l'édifice vraiment intéressante. Des colonnes de granit poli l'entourent à l'extérieur, surmontées de chapiteaux corinthiens en marbre blanc, qui supportent des arcades figurées, en marbre blanc également, assez richement sculptés dans le style du Bas-Empire.

Si l'on compare la sculpture de ces chapiteaux et de ces archivoltes avec l'ornementation du reste de l'église, ou avec celle de la Canonica, on observera une telle supériorité d'exécution, qu'il est impossible de les croire contemporaines. A mon sentiment, l'ornementation de cette apside aurait été composée avec

des fragments antiques provenant, sans doute,
de la ville de Mariana.

Les colonnes sont fortement engagées dans
le mur de l'apside que recouvre un crépi épais,
tandis que le reste de la basilique offre un appareil identique à celui de la Canonica. Cette
différence dans l'appareil pourrait faire supposer une différence de date dans les deux portions de la bâtisse; cependant j'aimerais mieux
l'attribuer à une restauration ancienne, ou, ce
qui est plus probable, à la maladresse des ouvriers qui trouvaient quelque difficulté à tailler
les dalles pour un mur semi-circulaire.

J'ai remarqué que ces colonnes n'étaient
polies qu'à l'extérieur; ainsi, dès le principe,
elles avaient été destinées à être engagées dans
un mur.

San-Perteo et la Canonica appartiennent au
département; mais, comme elles sont isolées,

éloignées de deux lieues de tout village, on ne
peut songer à les rendre au culte, et il est fort
difficile de leur assigner une destination. Pendant l'été, les bergers seuls, habitants de la
plaine de Mariana, y parquent leurs troupeaux,
et il en résulte quelques dégradations. On y
mettrait un terme en y plaçant des portes;
dans la suite, on pourrait songer à les couvrir,
quant à présent, les gros murs, très-solidement
construits, ne donnent aucune inquiétude.

ÉGLISE DE SAINT JEAN–BAPTISTE
ET DE SAN-QUILICO.

CARBINI.

Saint-Jean-Baptiste, paroisse du village de
Carbini, appartient au même type, et je le

crois, sinon contemporain, du moins de peu d'années postérieur aux églises précédentes.

Vers la fin du xɪvᵉ siècle, au rapport de Filippini, Carbini fut le chef-lieu d'une secte religieuse qui comptait de nombreux prosé-lytes dans toute la Corse. On les nommait les Giovannali, peut-être à cause de cette église où ils se rassemblaient ; plus probablement, parce qu'à l'exemple de quelques autres hé-rétiques, ils ne reconnaissaient que l'évangile de Saint-Jean, ou qu'ils l'interprétaient à leur manière. Si l'on en croit le bon chroniqueur, les Giovannali mettaient tout en commun, la terre, l'argent, les femmes même. La nuit, ils se réunissaient dans leurs églises, et, après l'office, les lumières s'éteignaient, et ils se li-vraient à des orgies monstrueuses. C'est au reste une accusation banale contre toutes les sectes secrètes, et les premiers chrétiens eu-rent longtemps à s'en défendre. Quoi qu'il en soit, le pape envoya d'Avignon un commissaire

pour excommunier les Giovannali, et des soldats avec lui qui les exterminèrent jusqu'au
dernier. Carbini, devenu désert, fut repeuplé
par des familles envoyées de Sartene (1).

L'église de Saint-Jean n'a qu'une seule nef de
20^m sur 8, éclairée par des meurtrières, couverte d'un toit moderne en charpente; il n'y a
point de chapelles latérales à l'apside. L'appareil, très-régulier à l'extérieur, se compose d'assises d'égale hauteur (2); au dedans, on ne voit
qu'un *opus incertum* très-grossier.

Une arcature en plein cintre règne au-dessous de la corniche et se prolonge sur les rampants des frontons. J'y remarque un motif
d'ornementation nouveau. De deux en deux
arcades, les tympans présentent une cavité
hémisphérique trop profonde et trop soigneu-

(1) Filippini, tome 2, p. 194.
(2) Les moellons, en granit, fort bien taillés, ont de 0^m,30 à
0^m,40 d'échantillon.

sement taillée pour avoir été destinée à recevoir des incrustations. Près de l'apside, et seulement du côté du nord, on voit quelques bas-reliefs grossiers alternant avec cet ornement singulier, et représentant des animaux, parmi lesquels j'ai cru reconnaître plusieurs signes du zodiaque; mais il n'y en a que cinq ou six, et il ne paraît pas que les tympans lisses du reste de l'arcature aient été restaurés.

La façade très-simple et toute nue, ne donne lieu à aucune observation; je remarquerai seulement la porte carrée, surmontée d'une archivolte en plein cintre extrêmement surélevée.

A une distance de 1^m,25 seulement de Saint-Jean, on voit les ruines d'une autre église, dédiée à san Quilico (*sanctus Quilicus*), exactement de même forme, de même appareil, seulement un peu plus petite. Ses murs sont abattus à un mètre du sol. On trouve en France beaucoup d'exemples d'églises aussi rapprochées l'une de l'autre ; quelques-unes, comme la Trinité et l'église du Ronceray, à Angers, ont un mur mitoyen. C'est le seul cas de cette nature que j'aie observé en Corse.

Quelques pas plus loin, au N.-E. de San-Quilico, s'élève un campanile carré, ruiné par la foudre, mais très-haut encore. Il avait trois étages, un seul a subsisté. L'identité de l'appareil, et la forme de sa porte cintrée très-surhaussée, indiquent qu'il a dû être construit à la même époque que Saint-Jean, et probablement il servit aux deux églises. Le clocher, très-svelte (1) et très-élégant, produit un admirable effet dans le paysage, lorsque, éclairé par le soleil couchant, il se détache sur les sombres montagnes du Coscione. A l'intérieur on ne voit aucune trace d'escaliers ; on ne sait même s'il y avait des planchers aux différents étages. La seule fenêtre qui subsiste est

(1) Il a 3 m. en œuvre. L'épaisseur du mur est de 1 m.

en plein cintre , géminée, refendue par une colonne portant un chapiteau oblong, d'une forme bizarre, dont on trouve des exemples en Toscane et sur les bords du Rhin (1). Quelques colonnettes gisant à terre dans l'église de Saint-Jean proviennent, m'a-t-on dit, de l'église de San - Quilico. Je crois bien plutôt qu'elles appartiennent aux fenêtres détruites du campanile.

Le clocher de Carbini mériterait d'être restauré. C'est, je pense, le plus ancien, le seul ancien qui subsiste en Corse. Je prendrai la liberté, Monsieur le Ministre, de vous demander une allocation pour cette bonne œuvre, et de vous prier en même temps d'inviter M. le Ministre des cultes à vouloir bien s'y associer. La paroisse de Carbini 'est très-pauvre. Son

---

(1) En France, lorsque le mur a une certaine épaisseur, les retombées des arcades reposent sur deux colonnes accouplées. Si l'on ne les appuie que sur une seule colonne il faut nécessairement lui donner un chapiteau dont le diamètre soit égal à celui du mur.

unique cloche, suspendue à une perche à la porte du curé, fait vraiment peine à voir.

ÉGLISE DE SAINT-JEAN.

COMMUNE DE PAOMIA.

Si l'on diminue considérablement les proportions de la Canonica, si l'on en supprime toute l'ornementation, si à l'appareil régulier on en substitue un grossier de schiste ou de granit mal taillé, on pourra se représenter la plupart des petites églises ou chapelles bâties avant l'établissement definitif de la domination génoise. On en rencontre sur presque tous les points de l'île; quelques-unes ne remontent qu'au xve siècle.

Je n'en citerai que deux. La première, San-Pancrazio entre Bastia et Cervione, se fait remarquer par ses trois apsides, circonstance assez rare en Corse pour être notée.

L'autre, Saint-Jean, entre Cargese et Paomia, ne mérite d'être mentionnée que pour une singularité dont je n'ai pu trouver l'explication. A l'intérieur de l'église, en ruines aujourd'hui, on voit au milieu de l'appareil du mur nord de la nef, un bras humain sculpté sur le granit, légèrement fléchi, et les doigts ouverts dirigés à 45°. Ce bras, d'ailleurs très-grossièrement travaillé, n'a pu appartenir à un bas-relief plus considérable dont un fragment aurait été employé comme un simple moellon, car il occupe le milieu d'une dalle et est parfaitement isolé. Aucune autre sculpture ne se voit ni à l'intérieur ni à l'extérieur de l'église. Autrefois l'apside a été peinte à fresque, mais les peintures sont devenues absolument méconnaissables.

J'éprouve un embarras semblable à m'expliquer un autre bas-relief (si l'on peut donner ce nom à des pierres façonnées à coups de hachette), que l'on voit sur le linteau d'une maison de Paomia. On me l'avait signalé comme une sculpture *phénicienne*; mais, malgré la meilleure volonté du monde, il me fut impossible de méconnaître la disposition ordinaire au moyen-âge, dans l'arrangement du linteau et des pierres également sculptées qui lui servent d'impostes. Au milieu du linteau on distingue une figure de femme, je crois, à son costume, aussi grossièrement exécutée que les bonshommes charbonnés sur les murailles par les écoliers oisifs. A gauche, une espèce de chevron ou de zigzag; à droite, un X, ou bien une croix de Saint-André très-ouverte. On voit sur les impostes des traits bizarres; d'un côté on pourrait reconnaître l'ornement bien connu qu'on nomme feuille de fougère ou arête de hareng. Il serait impossible de décrire les autres, tant ils sont bizarres et irréguliers. De loin on pourrait les prendre pour des lettres.

Isolée, chacune de ces pierres embarrasserait peut-être beaucoup un archéologue ; mais leur réunion, qui forme un des amortissements de porte les plus communs dans le pays, arrête court toutes les hypothèses qu'on serait tenté de faire sur leur origine. Si l'on arguait de la forme irrégulière des impostes, qu'elles ont été appropriées à leur destination actuelle longtemps après avoir été façonnées pour un autre usage, je répondrais qu'aux sculptures près, elles ressemblent exactement à toutes les impostes des maisons anciennes, et que l'échancrure qui marque le haut de la porte les caractérise suffisamment.

ANCIENNE CATHÉDRALE DE NEBBIO (1).

Voici encore le type de la Canonica reproduit avec de très-légères modifications dans l'ancienne cathédrale de Nebbio, près de Saint-Florent. Même plan et presque mêmes dimensions, même absence de voûtes et de contre-forts, même arcature sur les faces latérales, même motif d'ornementation pour l'apside (2). Il faut noter la forme des fenêtres un peu moins étroites que celles des églises précédentes. Des colonnes légèrement fuselées, alternant avec des piliers carrés, séparent les trois nefs de la basilique. Les chapiteaux des colonnes sont historiés, d'une médiocre exécution, mais les

(1) Nebbio, autrefois ville de quelque importance, passe pour avoir été détruit par les Sarrazins. L'église, élevée après leur expulsion, dépendait d'un monastère.

(2) Les pilastres de l'apside n'ont point de chapiteaux.

reliefs ont une saillie inusitée; les piliers n'ont que des tailloirs sans ornements ; un seul se fait remarquer par des moulures bizarres qui se recourbent aux angles, de façon à figurer une espèce de crochet.

La façade, mieux conservée que celle de la Canonica, mérite seule quelque attention. Elle offre, en quelque sorte, l'image d'une coupe transversale de l'édifice. Un fronton un peu moins surbaissé que les frontons antiques surmonte les murs de la nef centrale, qui s'é-lèvent au-dessus des collatéraux et s'y relient par une corniche rampante. Ainsi, l'on peut distinguer dans cette façade deux étages. L'inférieur présente cinq arcades figurées en plein cintre; celle du milieu, plus élevée que les autres, percée d'une porte carrée, séparée d'une fenêtre ou d'une espèce de tympan à jour par un épais linteau de pierre. Tous ces pilastres ont des chapiteaux, la plupart historiés, représentant des animaux fantastiques, un lion, des serpents entrelacés, etc. Dans le tympan des deux arcades qui répondent aux bas-côtés de la nef, on remarque quelques ornements, des étoiles, des cercles incrustés dont la couleur verte se détache du blanc éclatant de l'appareil (1). C'est un rapport de plus avec la Canonica. A l'étage supérieur il n'y a que trois arcades figurées, celle du milieu contenant une grande fenêtre en plein cintre. Au-dessus, une meurtrière en croix occupe le centre du fronton.

Les sculptures qui ont quelque saillie, l'emploi de colonnes, l'élargissement des fenêtres, sont autant d'indices qui me font regarder cette église comme plus moderne que la Canonica. Je ne la crois pas antérieure à la fin du XIIe siècle.

Trompé par des renseignements inexacts, je m'attendais à trouver, à Saint-Florent, des re-

(1) Calcaire blanc et très-fin.

liquaires anciens; mais je n'y vis qu'une châsse toute moderne, envoyée de Rome, et contenant un squelette revêtu d'un habit de guerrier romain (vrai style d'Opéra), tout couvert de mauvais oripeau et de verroteries. Ce sont les reliques de saint Florus qui, en compagnie de sainte Flore, a le patronage de la ville de Saint-Florent. Tous les deux sont fort vénérés dans le pays, et quelques stylets rouillés, quelques pistolets hors d'état de faire feu attestent les conversions qu'ils ont opérées.

Au nord de l'église, et près d'une porte latérale, on me fit remarquer trois trous qui traversent le mur irrégulièrement. Il me semblait que c'était le résultat d'une distraction des ouvriers qui avaient bâti le mur. Toutefois ces trous sont en grande réputation. Tous les ans, le jour de la fête de sainte Flore, ils exhalent une odeur de violette. Le fait rapporté par Ughelli (*Italia christiana*, tome IV) me fut attesté par le maire et le curé de Saint-Florent

St Michel de Murato.

qui m'engagèrent à bien flairer les trous susdits,
m'avertissant que je ne sentirais rien du tout,
ce qui se trouva parfaitement vrai.

SAINT-MICHEL.

COMMUNE DE MURATO.

C'est la plus élégante, la plus jolie église que
j'aie vue en Corse. Elle est située à un quart
de lieue du bourg de Murato, sur un petit plateau et complètement isolée; cependant elle
sert au culte, mais, je crois, seulement dans
quelques occasions solennelles. La nature des
roches qu'on trouve dans le voisinage a permis
aux architectes d'imiter, plus exactement qu'à
l'ordinaire, le style des Pisans, surtout pour
l'ornementation. Nous verrons comment il s'est

modifié en passant des plaines de la Toscane dans les sauvages montagnes de la Corse.

Le plan de Saint-Michel figure un parallélogramme rectangle, terminé à l'orient par une apside semi-circulaire, et précédé à l'ouest par un porche surmonté d'une tour carrée que soutiennent deux grosses colonnes trapues, à chapiteaux écrasés. Quelques rudiments de feuilles ornent ces chapiteaux; les volutes sont peu saillantes; une astragale figurant une tresse relie les corbeilles aux fûts. Base élevée, circulaire, ornée d'une grosse torsade.

Sur la façade, trois arcades dont deux latérales aveugles. Point de bas-relief aux tympans; mais des consoles historiées, d'une saillie notable, reçoivent les retombées des archivoltes. Le linteau de la porte principale est couvert d'incrustations. Point de voûtes, si ce n'est au-dessus de l'apside. Fenêtres étroites à l'ordinaire, cintrées; la partie inférieure et supé-

Fenêtre de l'Eglise de St. Michel.

Page 127.

Fenêtre de l'Eglise de St. Michel.

Page 127.

rieure de leurs chambranles est souvent ornée
d'entrelacs et de sculptures en très-bas-relief.
La corniche est soutenue par une arcature ré-
gnant le long des murs latéraux, se prolongeant
sur les festons, et entourant l'apside. Plusieurs
tympans de ces arcades offrent des sculptures
dans le genre de celles que nous avons remar-
quées à Carbini.

On le voit, à l'exception de son porche, construction tout à fait inusitée dans ce pays et qui,
par sa disposition, rappelle en petit l'église de
Maurmoutiers, près de Saverne, on retrouve à
Saint-Michel tous les caractères que j'ai plusieurs
fois signalés. Ce n'est que par son appareil singulier que cette église se distingue véritablement
de toutes celles que j'ai déjà décrites. Du plus loin
qu'on l'aperçoit, l'œil est attiré et surpris par les
couleurs tranchées de son parement, composé de
pierres d'un vert foncé et d'un blanc éclatant.
Toutes les parois de l'édifice en sont revêtues,
aussi bien en dedans qu'en dehors. D'abord on

ne peut distinguer aucune combinaison régulière, et l'œil n'est frappé que d'un papillotage bizarre. En s'approchant, on remarque comme une intention d'arrangement dans le but de produire un certain effet par l'opposition des couleurs; effet du reste plus étrange qu'il n'est harmonieux. Il semble que l'on ait prétendu imiter les alternances de couleurs régulièrement opposées du dôme de Pise et d'autres monuments du même pays; mais l'on n'a persisté dans ce projet qu'autant que les matériaux convenables se présentaient sous la main, et l'on y a renoncé dès que l'exécution entraînait trop de soins. Par exemple, les assises ne sont point égales en hauteur, et les pierres qui les composent sont d'échantillons très-différents. Dans la partie supérieure des murs, le blanc et le vert se succèdent par bandes horizontales; au-dessous, ces deux couleurs se mêlent comme sur un damier; mais cet arrangement n'existe que par places; bientôt on ne voit que des plaques plus ou moins grandes, jetées pêle-mêle et comme au hasard. A la vérité, les claveaux des arcades aveugles de la façade et les tambours des colonnes du porche alternent de couleur dans un ordre constant; mais les claveaux des arcades figurées sous la corniche n'offrent qu'un mélange incertain et confus. J'ai cru remarquer que l'architecte avait eu meilleure opinion de la résistance de la pierre verte (chlorite schisteuse très-compacte), que de celle de la pierre blanche (calcaire de Saint-Florent), car il emploie la première de préférence dans toutes les parties qui exigent le plus de solidité. — Çà et là des dalles de marbre rougeâtre, encastrées dans les murs, viennent ajouter à la bizarrerie de l'ensemble. Enfin, on trouve encore quelques incrustations en briques, toujours fort irrégulières, principalement aux retombées des arcatures latérales.

Le chef-d'œuvre de ce beau système se trouve sur le linteau de la porte occidentale, qui représente, en très bas-relief taillé sur le fond blanc de

la pierre, un buste de face entre deux paons qui
lui béquettent les oreilles. Sur les queues de
ces oiseaux brillent quantité de petites pierres,
rouges, vertes, blanches, entremêlées de morceaux de verre bleu. C'est une véritable mo-
saïque, mais bien grossièrement exécutée. Quelques chambranles de fenêtres, quelques tympans
des arcades aveugles, offrent des incrustations
semblables, en général vertes ou rouges, sur
fond blanc, toutes très-péniblement et très-rudement élaborées.

Je dois dire quelques mots du travail des
sculptures, plus soignées à Saint-Michel qu'en
aucune autre église de Corse, et toutefois encore bien barbares.

Remarquons d'abord l'obscénité de quelques
figures, fait qui n'est pas rare sur le continent,
mais qui me surprend en Corse, pays grave, s'il en
fut, où l'on ne rit guère, et, quelle qu'en soit la
cause, assurément très-chaste. Par exemple, un

modillon de l'arcature du côté nord représente un homme tenant un oliphant de la main gauche, et de la droite une espèce de coutelas. *Istius membrum femine longius evadit.* Plus loin, un homme, sur une des consoles de la façade, au-dessous de l'archivolte de droite, *clunibus insidens, ingentem* ιθυφάλλον *prætendit.* Cherche là-dedans qui voudra une allusion mystique. Parmi les autres bas-reliefs, je n'en ai trouvé qu'un seul dont le sujet fût bien intelligible. On voit un serpent embrassant un arbre de ses replis, et tenant une pomme dans sa gueule. Près de lui une femme nue étend la main vers le fruit. C'est assurément la Tentation qu'on a voulu rendre. Inutile de parler du manque de proportion et de la grossièreté du travail. Les sculptures d'ornement, beaucoup mieux exécutées, présentent quelquefois des détails assez gracieux. Des entrelacs et des rinceaux élégants et capricieux, sculptés sur les chambranles de plusieurs fenêtres, m'ont rappelé les arabesques si fines placées de la même tympan de l'arcade principale. Les chapiteaux des piédroits, le bandeau d'imposte, sont couverts d'ornements gravés en creux avec une finesse dont jusqu'alors je n'avais rencontré nul exemple. Enfin, dans les pendentifs, entre les arcades, d'autres incrustations complètent la décoration de la façade, et remplissent, en partie, le nu qui existe entre les archivoltes et le fronton.

Les corniches et leurs arcatures ressemblent à celles de Saint-Michel, sauf les alternances de couleur, dont on ne trouve d'autre exemple à Saint-Nicolas que dans les incrustations dont je viens de parler. Je remarquerai cependant la variété et l'élégance des motifs dans les modillons et la corniche; le dessin de cette dernière change à chacune des pierres qui la composent.

Par sa disposition générale et par ses détails, la décoration de Saint-Nicolas appartient tout entière au style bysantin; c'est pourquoi l'on observera avec surprise que ses fenêtres, étroites d'ailleurs, suivant l'usage invariable, ont pour amortissement une lancette aiguë. Cette ogive étant taillée dans une seule pierre qui forme le haut du chambranle, il est évident qu'elle n'a point été adoptée ici pour ses qualités de résistance et la facilité de sa construction, mais bien parce qu'on a voulu se conformer à une mode établie. Il faut en conclure que Saint-Nicolas a été bâti à une époque où le style gothique était déjà complètement en faveur sur le continent; c'est-à-dire vers la fin du xiiie siècle, ou le commencement du xive (1).

(1) On se rappellera que l'ogive, introduite de bonne heure dans les voûtes et les arcades du midi, ne paraît dans les fenêtres que fort longtemps après que son emploi était exclusif dans le Nord.

SAINT-CÉSAIRE.

———

Cette date est probablement celle d'une autre petite église du voisinage, également ruinée, située entre la Pieve et Murato. On la nomme Saint-Césaire. Elle a le même plan que Saint-Nicolas, mais presque aucune ornementation ; je ne la cite que pour son parement bizarre, composé de pierres vertes, et de dalles d'un marbre assez grossier veiné de rouge et de gris, commun dans les montagnes de Bevinco. Il est impossible de reconnaître même *l'intention* d'un arrangement quelconque dans la disposition des pierres de ce parement, tant elles se mêlent confusément, et souvent de la façon la plus désagréable à l'œil.

De ces trois églises, Saint-Michel est la plus ancienne, et c'est une copie évidente des basiliques pisanes. Saint-Césaire est une imitation très-maladroite de Saint-Michel ; enfin Saint-Nicolas offre encore le même type, mais perfectionné et embelli par le bon goût de son ornementation. Rien de plus fréquent dans l'histoire de l'architecture que cette influence qu'exerce un certain édifice, généralement admiré, sur les constructions du voisinage.

MONASTÈRE DE SAINT-MARTIN.

J'ai observé, dans une localité fort éloignée de Murato, le même système d'opposition de couleurs, toujours plutôt indiqué qu'exécuté à la lettre ; c'est parmi les ruines du monastère de Saint-Martin, situé dans une petite vallée entre Cargèse et Paomia. Son apside est entourée d'une arcature dont les tympans sont alternativement en granit gris et en grès rouge. Au-dessous règne un bandeau, large de 0^m40,

qui tranche sur le granit dont se compose le
reste du parement. Sous les tympans de l'arcature on voit quelques bas-reliefs frustes et très-
grossiers, où l'on distingue des animaux et des
ornements bizarres dans le goût de ceux de
Carbini. Je crois d'ailleurs les deux églises à
peu près contemporaines.

ÉGLISES DE BONIFACIO.

SAINTE-MARIE.

Ce n'est qu'à Bonifacio que j'ai vu des églises
gothiques, mais de ce gothique bâtard tel
qu'il s'introduisit, avec peine et tardivement,
dans le midi de l'Europe. Bien que ces édifices
aient conservé beaucoup de souvenirs romans,
je ne les crois pas d'une date antérieure au
xive siècle ; du moins c'est ce qu'on est fondé

à supposer en examinant la persistance de l'architecture pisane dans le reste de l'île. L'église de Saint-Césaire et celle de Saint-Nicolas nous en offraient tout à l'heure des exemples remarquables.

Sainte-Marie, construite dans la partie la plus élevée de la ville, se fait remarquer d'abord par ses arcs-boutants, inconnus partout ailleurs, et ici presque inutiles en raison du peu d'élévation des murs latéraux. C'est donc une *mode* plutôt qu'une nécessité qui les aura fait établir. Le plan de Sainte-Marie est celui d'une basilique courte et large, divisée en trois nefs et terminée par trois apsides semi-circulaires. A l'intérieur elle a subi de nombreuses réparations. Ainsi les piliers, évidemment retaillés, ont maintenant des chapiteaux ioniques. Les voûtes ogivales, renforcées d'arcs doubleaux et de nervures plates, m'ont paru également retouchées; enfin, tout récemment, l'intérieur de l'église a été badigeonné en couleur de marbre, si bien qu'on n'en peut plus distinguer l'appareil. La façade, presque complètement nue, n'offre aucun intérêt. On doit seulement signaler une moulure en violettes bien travaillée, et un grand œil-de-bœuf, ou plutôt une rose sans rayons, à claveaux noirs et blancs alternant avec régularité. Devant la porte, toute moderne, s'élève une espèce de porche ou de halle couverte qui sert de lieu de réunion aux oisifs de la ville.

Le clocher de Sainte-Marie est carré, assez svelte, et, bien que fort mutilé, il conserve quelques vestiges de son ancienne élégance. Je ne parlerai pas de l'étage supérieur, refait probablement au xviie siècle ; des trois autres, le seul qui soit demeuré intact, c'est le plus élevé, percé de deux fenêtres en ogive, séparées par une mince colonnette. L'étage immédiatement inférieur a une fenêtre trilobée en plein cintre, bouchée aujourd'hui. A l'étage au-dessous on ne distingue plus la forme des ouvertures; peut-être même n'en existait-il pas. Toutes ces fenêtres, en ogive ou en plein cintre, sont surmontées d'une espèce de chambranle décoré avec une certaine recherche; carré au-dessus des ogives, façonné en fronton pour les autres fenêtres, ce chambranle, car je ne puis trouver un autre nom à cette sorte d'encadrement appliqué, est rempli d'ornements sculptés, violettes, rosaces, entrelacs. Voilà, mais perfectionné, le motif qui s'était déjà présenté à Saint-Michel de Murato. Ici son apparence moresque est encore plus frappante, et s'expliquera peut-être par le voisinage de la Sardaigne, soumise à l'Espagne, car on sait combien le gothique espagnol a emprunté à l'ornementation arabe. Des cordons de têtes de clous ou de violettes marquent la séparation de chaque étage, et, vers le milieu de la tour, deux bas-reliefs, sculptés au-dessous d'une de ces moulures, représentent l'un le Bœuf de saint Luc; l'autre, le Lion de saint Marc. Probablement les autres faces de la tour, défigurées

aujourd'hui, portaient les autres attributs sym-
boliques des évangélistes.

ÉGLISE DES DOMINICAINS.

(BONIFACIO.)

L'église de Saint-Dominique, beaucoup
mieux conservée, est, je crois, un peu plus
moderne que Sainte-Marie. Bien que l'ogive y
soit employée dans tous les arcs, l'apparence
extérieure n'est point gothique, et la façade
surtout offre une grande analogie avec celle de
la Canonica. Les contreforts, ou, pour mieux
dire, les pilastres, disposés de la même manière, présentent absolument le même appareil composé d'assises alternativement minces
et épaisses. Quant aux murs, bâtis de moellons
non taillés, ils sont recouverts d'une couche
épaisse de ciment. Le plan est, à l'ordinaire,
celui d'une basilique.

La porte occidentale, de forme carrée, est encadrée dans une ogive bordée par trois tores qui correspondent à autant de colonnettes à chapiteaux grêles, écrasés, d'un travail pitoyable. Cette ogive s'encadre elle-même dans un fronton également appliqué et d'une faible saillie. Au sommet on voit sculptés un agneau avec une croix. Un œil-de-bœuf occupe le haut du gâble, dont les rampants sont bordés par un cordon de violettes d'une bonne exécution. Voilà toute la décoration de la façade, et elle en déguise mal la nudité. Une porte latérale, au nord, n'est guère mieux ornée. Elle est carrée, surmontée d'un tympan ogival qu'entoure une large archivolte bordée à l'intérieur d'une moulure de violettes.

L'intérieur de l'église se divise en trois nefs séparées par des piliers carrés auxquels s'appliquent, dans la nef centrale, deux colonnettes engagées dans les angles du pilier, et s'élevant jusqu'aux retombées des voûtes dont elles reçoivent les nervures. Voûtes ogivales, obtuses, d'arêtes, renforcées d'arcs doubleaux et de nervures arrondies qui se réunissent sous une clef sculptée. Les voûtes des bas-côtés, un peu surbaissées, garnies de nervures également rondes, qui retombent sur des consoles, ne m'ont point paru contemporaines des premières. Je les crois modifiées par une réparation relativement moderne.

Les arcades en tiers-point n'ont leur naissance marquée que par un tailloir peu saillant sortant du pilier, tandis que les deux colonnettes engagées sur ses angles, qui montent jusqu'à la voûte, où elles ont un tailloir commun, semblent prolonger jusqu'à cette hauteur le pilier qu'elles encadrent. Il en résulte un effet désagréable; l'arcade tombant sur le milieu de ce pilier a l'air de ne s'appuyer sur rien. On observe la même faute en France dans nombre d'églises du xve siècle, bâties à l'époque où dominait le goût des pénétrations, lorsqu'on s'ef-

forçait d'imiter en pierre l'apparence des constructions en bois. J'ai peu de chose à dire des
chapiteaux de ces colonnettes. Leur sculpture
est des plus médiocres. Une volute s'arrondit
à leurs angles; plus bas, au-dessus de l'astragale, on voit comme un rudiment de feuilles
qui se développe bien timidement. Pour l'aspect et le galbe seulement, ces chapiteaux
offrent quelques ressemblances avec quelques
chapiteaux moresques de l'Alhambra.

Les fenêtres des collatéraux en plein cintre ne
diffèrent nullement de ces meurtrières dont nous
avons parlé si souvent. On observera, en outre,
qu'elles sont placées la plupart hors de l'axe des
arcades de la nef. Si cette bizarrerie ne se repro-
duisait pas souvent dans d'autres églises corses
(à la Canonica, on en a vu un exemple), on
pourrait conclure que les collatéraux sont plus
anciens que la nef; mais il est plus probable
de l'attribuer à cette indifférence pour la symé-
trie dont les constructions de l'île nous ont

offert déjà tant de preuves. Les fenêtres de la nef, dont l'amortissement se termine en mitre, m'ont paru altérées par une restauration moderne.

Le clocher des Dominicains, placé au midi près du chœur, est carré à sa base, mais devient octogone en s'élevant au-dessus du toit. Des moulures saillantes en accusent les différents étages, éclairés chacun par une fenêtre en plein cintre, bilobée, percée sur chaque face. Du couronnement s'élèvent, aux angles, des créneaux, échancrés à la manière moresque, d'un effet très-agréable.

Je présume que Saint-Dominique avait primitivement trois apsides ainsi que Sainte-Marie; mais, dans le XVIII° siècle, la partie orientale du chœur a été refaite et allongée. Elle forme un nouveau chœur carré, en arrière de l'autel, et deux salles latérales dont l'une, qui fait retour sur les murs de l'église, sert de sacristie.

Un jubé très-riche, plaqué de marbre et d'albâtre dans le goût moderne italien, marque la séparation des parties de l'église ancienne et moderne. Il porte la date de 1749.

Je ne parlerai point des autres églises de Bonifacio, dont l'une est devenue un magasin militaire: bâties à peu près sur le modèle de Saint-Dominique, ruinées ou fort mal réparées, elles n'offrent plus aujourd'hui le moindre intérêt.

En Corse le gothique s'est encore moins développé que le style bysantin. On lui doit cependant l'introduction des voûtes, à peu près inusitées jusqu'alors. Il y a lieu de s'étonner que la sculpture et l'ornementation n'aient pas fait des progrès à Bonifacio, car son territoire fournit, par exception, un beau calcaire blanc, facile à tailler et se conservant bien à l'air.

CHAPELLE DE SAINTE-CATHERINE.

COMMUNE DE SISCO.

Je ne connais qu'une seule crypte en Corse,
c'est celle de Sainte-Catherine, ancien monastère, dépendant aujourd'hui de la commune
de Sisco. Elle est située sur le haut d'un rocher
au bord de la mer et près du cap Sagro. Autrefois tout le cap Corse portait le nom de Promontoire Sacré, nom singulier dans un pays où,
suivant un poëte romain de mauvaise humeur,
« on niait les dieux. » Peut-être existait-il dans
le cap Corse quelque temple renommé des navigateurs ; et comme l'on voit d'ordinaire les
lieux saints conserver leur réputation, bien
que les objets du culte y soient changés, je ne
serais pas éloigné de croire que l'emplacement
de la chapelle de Sainte-Catherine ne fût celui
du temple qui donna le nom de sacré à l'ancien cap Corse. Ma supposition est d'ailleurs

toute gratuite, car, à l'exception de l'inscription d'Erbalonga que j'ai citée, je ne connais
pas un seul indice du séjour des Romains dans
cette partie de l'île.

Quoi qu'il en soit, vers le xiiie siècle, une
église existait dans le voisinage du cap Sagro,
et possédait une chapelle souterraine qui portait dès lors, et qui a conservé jusqu'à présent,
le nom de *li tomboli.* En 1355, suivant un manuscrit qui m'a été communiqué, vers le mi-
lieu du xiiie siècle, d'après Filippini, tome IV,
p. 322, un vaisseau revenait du Levant avec
une bonne provision de reliques renfermées
dans une caisse (les reliques étaient alors
l'objet d'un commerce lucratif): à la hauteur
du cap Corse il fut assailli d'une si furieuse
tempête, que le capitaine fit vœu, s'il échap-
pait au naufrage, de donner ses reliques à la
première église qu'il rencontrerait. Par provision, cependant, se jetant dans sa chaloupe
avec son équipage et sa précieuse caisse, il prit

terre au pied du rocher de Sainte-Catherine.
Aussitôt la tempête s'apaisa. Soit que notre
capitaine n'eût point vu la chapelle, soit qu'il
eût déjà oublié son vœu, suivant l'usance des ma-
rins, il regagna son navire et voulut continuer
sa route avec son trésor. Mais voici la tempête
qui recommence et qui redouble de fureur,
jusqu'à ce que repentant, le capitaine débar-
que de nouveau et dépose les reliques dans l'o-
ratoire de Sainte-Catherine. La caisse contenait,
au rapport de Filippini, « un morceau de la
« baguette de Moïse, un peu de manne tombée
« dans le désert, un peu du limon ayant servi à
« former le premier homme; les bourses de la
« sainte Vierge, de sainte Marie-Madeleine et de
« sainte Catherine; quelques brins de fil filé
« par la Vierge, quelques gouttes de son
« lait, etc., etc. » Le catalogue tient une page
et demie, et l'on conçoit facilement que tant de
trésors attirèrent la foule dans la chapelle, si
bien, qu'elle devint insuffisante pour l'affluence
des pèlerins. Il fallut bientôt construire auprès

une habitation pour des moines de Saint-Augustin, qui se vouèrent à la garde de ces reliques ; puis une autre pour des hommes d'armes que les habitants de Sisco durent entretenir pour protéger la chapelle contre les incursions des Maures ; puis on bâtit encore un hôpital pour les malades qui venaient demander à la sainte la guérison de leurs maux. Finalement, on agrandit ou l'on reconstruisit l'église, qui fut consacrée en 1469.

Le bâtiment qu'on voit aujourd'hui porte les traces des restaurations dont il a été l'objet. Sur sa façade, quelques archivoltes, byzantines d'apparence, subsistent encore, et l'apside entourée d'une arcature en plein cintre reproduit le type si commun de la Canonica. Tout le reste de l'édifice n'offre aucun intérêt. La crypte même paraît avoir été retouchée, du moins recrépie fort récemment. Elle est de forme semi-circulaire, et reçoit un peu de jour par un petit soupirail. On y accède par deux

couloirs étroits débouchant dans la nef de l'é-
glise. Autant qu'on en peut juger par ce qui
reste de visible dans l'appareil, la partie la plus
ancienne de cette crypte, son soubassement a
tous les caractères du moyen âge, et je ne la
crois pas antérieure au XIIe siècle.

Le rocher sur lequel est bâtie la chapelle
est fort escarpé, élevé d'environ 250 mètres.
Si l'on descend jusqu'au bord de la mer, à peu
près au-dessous de l'église, on observe une
vaste grotte creusée par la nature dans
l'intérieur du rocher. L'entrée en est presque
entièrement cachée du côté de la mer par d'é-
normes quartiers de rochers, entre lesquels il
faut se glisser, avec quelque précaution, car
les vagues, surtout par les vents de S.-E.,
viennent battre avec violence l'ouverture de la
caverne. Elle est très-profonde et contient plusieurs grandes salles, quelques-unes remplies
de stalactites bizarres. La description de ce lieu
n'entre point dans le plan de ce rapport, et je

ne parlerai que du seul fait intéressant pour l'archéologie. A l'entrée de la grotte, on voit une grande arcade en plein cintre, dont les claveaux en schiste vert, sont assez grossièrement assemblés au moyen de beaucoup de ciment. D'un côté, où le rocher n'offrait point d'appui, l'arcade repose sur un piédroit de même construction. Entre le haut de l'arcade, qui porte un petit mur terminé horizontalement, comme un pont, et la voûte naturelle de la grotte, on observe un large vide qui ne paraît pas avoir jamais été rempli. On dirait que l'arcade devait recevoir une porte, et que le vide laissé à dessein tenait lieu de fenêtre. Mais à quelle époque et dans quel but a-t-on ajouté ce misérable ouvrage d'art à cette œuvre immense de la nature? — L'apparence n'est nullement antique, et la forme de l'arc ne conclut rien, surtout dans le pays : voilà tout ce que je puis dire. Suivant la tradition, cette caverne aurait servi de refuge aux chrétiens lorsque les Arabes dominaient dans la Corse. Mais s'ils ont bâti

cette arcade, ils 'avaient imaginé un fort mauvais moyen de cacher leur retraite, en plaçant
dès l'entrée quelque chose qui annonçait la présence des hommes. Je croirais plutôt que les
moines de Sainte-Catherine avaient dans ce lieu
un autel, ou des tombeaux, et qu'ils y avaient
construit une porte qui ne s'ouvrait que de
leur consentement. Voilà la supposition la plus
probable; celle-ci est la plus poétique : la
caverne servait à célébrer des mystères cabiri-
ques ou autres, et c'est elle qui a fait appeler
le cap Corse le promontoire Sacré (1).

CHAPELLE DE SANTA-CRISTINA.

CERVIONE.

En allant de Bastia aux ruines d'Aléria, je
m'arrêtai à Cervione pour examiner la chapelle
de Santa-Cristina, située à 200 mètres environ
au-dessous de la ville, fort près du village de

(1) V. la note E.

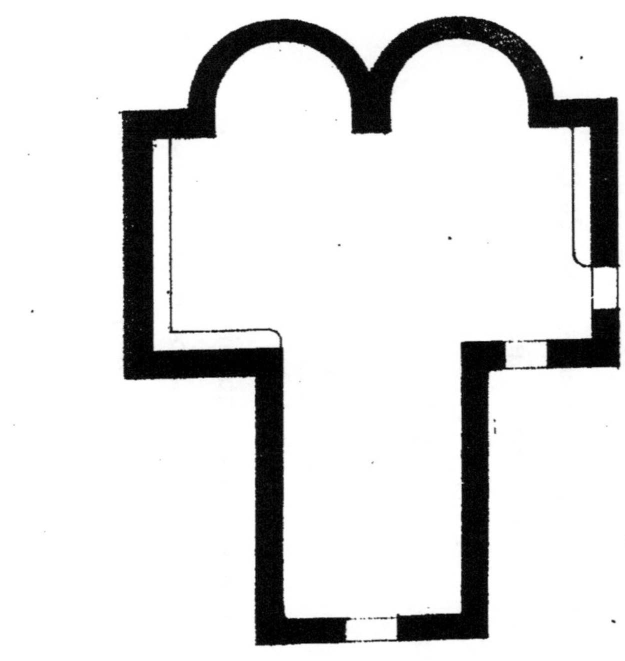

St MICHEL-MVRATO.
ÉGLISE DE Ste CHRISTINE.

Mucchieto. Autrefois, me dit-on, elle dépendait du monastère de Monte Cristo, situé dans l'île de ce nom, précisément en face de Cervione. Tous les dimanches, un moine de l'abbaye s'embarquait, et passait en Corse pour officier à Santa-Cristina (1).

Le plan de la chapelle est des plus bizarres, il figure un T, dont la barre transversale, le transsept, porte à son centre deux apsides tangentes l'une à l'autre. La nef, reconstruite vraisemblablement au xviie siècle, basse, voûtée en berceau et flanquée de pilastres grossièrement classiques, ne mérite aucune attention. Le transsept, évidemment plus ancien, n'a point de voûtes, et ne reçoit de jour que par des meurtrières cintrées, percées dans les deux apsides. Bien que formé de morceaux de schiste difficiles à tailler, l'appareil est régulier et beau-

(1) Le voyage est assez long pour rendre la tradition peu croyable.

coup plus soigné que celui des maisons de Cervione. Nulle ornementation à l'extérieur. A
l'intérieur un crépi couvre le schiste; et tout le
mur oriental de l'église, en y comprenant les
deux apsides, présente une suite de compositions à fresque de diverses grandeurs, encore
assez bien conservées.

Au premier abord, ce plan singulier, cet
appareil dépourvu d'ornementation, les fenêtres en meurtrières, auxquelles je n'étais pas
encore habitué, surtout les figures de saints
revêtues de longues draperies raides, à plis cas-
sés, aux membres grêles et longs, terminés par
des pieds et des mains énormes, me rappelè-
rent tous les caractères du style byzantin. Seulement, je remarquai que les têtes avaient plus
de noblesse, et comme on dit en termes d'ate-
lier, plus de *style*, que celles qu'on voit dans
nos églises du continent. Cette différence, je
l'attribuais au voisinage de l'Italie; et en tenant
compte de la persistance des traditions byzan-

tines dans le midi, j'étais tenté d'attribuer ces fresques à quelque artiste du xiiiᵉ siècle. Pourtant un saint Michel revêtu d'une armure de *plates* et non de mailles, surtout ses brodèquins ou ses guêtres semblables à la chaussure que portent encore quelques montagnards, me laissaient bien de vagues soupçons d'une origine plus moderne. La date de 1473, très-lisiblement peinte en caractères gothiques, au milieu d'une des apsides, m'ôta toute incertitude, et me prouva combien on doit être prudent à juger les monuments d'un pays qu'on n'a point suffisamment étudié. La même date, moins les derniers chiffres effacés par le temps, se retrouve sur le linteau d'une petite porte, au sud du transsept. (1)

Je vais décrire brièvement les fresques de

(1) Je remarquerai, en passant, que dans l'apside les chiffres romains sont séparés par des points, placés entre chaque ordre de chiffres, dans le but évident d'en faciliter la lecture : M. CCCC. LXX. III. N'est-ce point un acheminement vers le

Santa-Cristina. Dans le haut de l'apside Sud,
on voit le Christ entouré des attributs ordi-
naires des évangélistes ; au-dessous, huit saints
ou saintes, parmi lesquelles on distingue sainte
Christine. La paroi faisant retour à la droite du
spectateur, représente saint Michel plus grand
que nature, pesant les âmes dans une balance,
et foulant aux pieds le Diable qui s'efforce d'entraîner un des bassins. Dans l'apside Nord,
paraît le Père Eternel, assis sur un trône, et
auprès de lui un abbé agenouillé (sans doute
celui de Monte Cristo), que lui présente sainte
Christine, patrone de la chapelle. Ces Christs,
de très grande proportion, sont tous les deux
entourés d'une gloire en forme de *vesica piscis*,
absolumeut comme dans nos anciennes peintures du xii° siècle. Douze saints debout occupent le bas de cette apside. Sur la paroi voisine,

système de numération arabe? Cette disposition est fréquente
dans les chiffres romains au moyen-âge, et j'en ai observé cette
année un exemple assez notable dans l'inscription encastrée
dans les murs de l'église de Crest (Drôme), relatant les fran-
chises accordées à cette ville en 1188.

à gauche, on distingue un grand saint Christophe, passant la mer au milieu des poissons, portant l'Enfant-Jésus sur ses épaules. Cette peinture a beaucoup souffert. En s'élevant au-dessus des apsides, le mur oriental forme comme un fronton, sur lequel on a peint encore deux sujets : au centre le Christ en croix; un ange plane au-dessus de sa tête. A gauche, la Vierge et le Saint-Esprit, à droite un ange en adoration. Il semble que le crucifiement et l'annonciation aient été mêlés, afin de laisser plus de place à la première de ces deux compositions.

La forme de la chapelle de Santa-Cristina est un fait rare, peut-être unique, qu'on doit attribuer à un caprice de l'architecte, qui aura voulu en faire quelque chose d'extraordinaire; ou qui peut-être a prétendu exprimer ainsi une idée mystique suivant la mode de son temps, idée qu'il est bien difficile de s'expliquer aujourd'hui. Je trouve dans la Vie des Saints que sainte Christine fut percée de *deux flèches;*

auparavant on lança sur elle *deux serpents*, qui ne lui firent aucun mal. Ils lui léchèrent les pieds, et se suspendant à son sein, ils semblaient deux enfants allaités. « *Julianus misit super eam duos aspides.... et currentes duo serpentes conligaverunt pedes ejus, et lingebant vestigia ejus; et duo aspides currentes, suspenderunt se ad mamillas ejus, velut infantes lactantes, et non nocuerunt eam. Acta sanctorum, tome* v, *p.* 527 E. Ces deux apsides ne seraient-elles pas destinées à rappeler les deux flèches, ou plutôt ces deux serpents si bien élevés? C'est d'ailleurs en toute humilité que je propose cette explication, qui n'est guère plus extraordinaire que celle par laquelle on interprète la flexion fréquente des chœurs de certaines églises, par rapport à l'axe de leur nef.

Le curé de Mucchieto, qui avait bien voulu m'accompagner, me dit qu'on avait découvert récemment dans le cimetière attenant à la chapelle, des tombes en briques ou en ciment,

dont plusieurs renfermaient des médailles. Il ne
put d'ailleurs me donner aucun renseignement,
ni sur la forme des tombes, ni sur les médailles
qui avaient été portées à Bastia.

ÉGLISES MODERNES.

Je ne connais point en Corse d'églises de l'é-
poque de la Renaissance. Tandis qu'on élevait
tant de chefs-d'œuvre en France et en Italie, on se
battait en Corse, on brûlait villes et villages, n'é-
pargnant pas même les édifices religieux. Les
églises plus modernes du xviie et du xviiie siècle
n'offrent aucun intérêt. Bâties de moellons de
schiste ou de granite à peine taillés, elles sont
quelquefois grossièrement recrépies; telles sont
les églises de Bastia, les plus vastes et les plus
riches de l'île. Les corniches et les autres ornements extérieurs, fabriqués en plâtre ou en mau-

vais ciment, délabrés par la pluie, tombent en morceaux. La décoration intérieure ne consiste guère qu'en placages, souvent dorés dans le goût barbare du xviie siècle, et en fresques exécutées par des barbouilleurs italiens. Je citerai les églises de Sainte-Croix et la cathédrale, à Bastia, et l'église de Cervione comme les plus remarquables. La première surtout, malgré le mauvais goût de sa décoration, ne laisse pas d'avoir un certain caractère de grandeur, comme tout ce qui paraît riche et coûteux.

Les campaniles de la même époque, très-souvent isolés, surtout dans les villages, sont généralement carrés, percés à jour de larges fenêtres, et très-élancés pour leur diamètre. Elégants vus de loin, ils ne peuvent supporter l'examen lorsqu'on s'en approche. Parmi les plus remarquables, il me suffira de mentionner le clocher de la cathédrale de Bastia, ceux de Cervione, de Chiatra, de Tallano, de Linguizetta, de Sartène (1). Leur plus grand mérite, c'est leur position dans un paysage très-pittoresque.

TOURS, CHATEAUX, FORTIFICATIONS, ETC.

Dans la première partie de ce rapport, j'ai déjà dit que je n'avais pu découvrir en Corse rien de semblable aux *Nurhags* de Sardaigne. Toutes les tours que j'ai examinées appartiennent au moyen-âge, et la plupart sont même assez modernes. Les fréquentes descentes des pirates barbaresques sur les côtes de l'île, obligeant à une vigilance continuelle, on établit sur le littoral une suite de tours, sur tous les points qui commandent la vue, et souvent

(1) L'appareil de ce clocher, d'ailleurs assez moderne, mérite d'être cité pour sa bizarrerie. Les assises, formées de gros blocs de granite, ne sont point *horizontales*. On dirait une imitation de l'appareil cyclopéen.

assez rapprochées pour correspondre par
signaux. A l'approche des corsaires, les gardes
en observation donnaient l'alarme, et les
paysans occupés aux travaux des champs, s'ils
étaient trop éloignés pour gagner leurs villages
situés en général dans la montagne, trouvaient
un asile dans l'intérieur des tours. On doit supposer que dès le xie siècle, de semblables constructions s'élevèrent sur plusieurs points de la
côte. Nulle part cependant, je n'en ai vu d'aussi
anciennes; je ne crois pas même en avoir vu
d'antérieures au xive siècle. La plupart datent
des xve et xvie et même du xviie siècles. Sauf
quelques détails insignifiants, toutes me semblent bâties sur le même modèle, ce qui indique-
rait que leur érection aurait eu lieu par suite
d'une mesure générale. Elles se composent d'une
salle basse, ordinairement voûtée, servant de
magasin ; d'un étage au-dessus, destiné à loger
la garnison; enfin, d'une plate-forme entourée de créneaux et quelquefois de machicoulis.
Le magasin ou salle basse ne communique pas

avec l'extérieur. On entre dans la tour par le premier étage, en montant un escalier oblique, souvent une échelle, et une fois qu'elle était retirée en dedans, une demi-douzaine d'hommes pouvait tenir tout un jour dans cette petite forteresse contre des centaines d'assaillants.

La plupart de ces tours sont de forme ronde, légèrement conique, et rarement elles ont plus de 8 à 10 mètres de haut. Telles sont les tours de Sagone, et celle dite del Cavagliere, à l'embouchure de la rivière de Campo dell' Oro, à une lieue d'Ajaccio. On pourrait en citer des centaines d'autres toutes situées sur le bord de la mer (1).

Quelques tours beaucoup plus anciennes, mais auxquelles, dans leur état de ruine actuel et dans l'absence de caractères précis, on ne saurait assigner de date exacte, occupent le sommet de quelques montagnes dans l'intérieur. Ce

(1) V. la note F.

sent des donjons dépendant d'anciens châteaux
forts. De ce genre, est la fameuse tour de Sénèque, située sur un pic très-élevé de la montagne delle Ventiggiole, commune de Luri,
dans le Cap Corse. Elle s'élève au point culminant d'une espèce de cône de rochers escarpé
à pic de trois côtés, et d'accès fort difficile
par le seul qui soit praticable. Rien dans sa
construction n'appartient à l'époque romaine;
c'est une tour ronde, dont l'amortissement est
détruit, plantée au milieu d'une enceinte de
forme irrégulière, si ruinée aujourd'hui qu'on
a peine à en suivre le tracé primitif. Les murs
du vieux château, dont cette tour était le donjon, surplombaient le rocher en quelques endroits. On remarque entre autres un petit réduit
voûté, revêtu à l'intérieur d'un enduit très-dur
et d'un rouge vif. C'était, je pense, un des ma-
gasins du château; suspendu au-dessus d'une
masse de rochers qui semblent prêts à s'écrou-
ler, il domine parfaitement le sentier par où
l'on parvient à la forteresse. L'appareil de tous

les murs est grossier, mais solide, composé
d'assises peu régulières, mais cependant disposées avec plus de soin que celles de beaucoup
de bâtiments plus modernes.

La tour où une tradition populaire veut que
Sénèque ait habité pendant son exil, était,
comme presque tous les donjons du moyen-âge,
isolée et indépendante du reste des fortifications. Elle n'a point de porte, mais seulement
une petite fenêtre élevée de 3 ou 4 mètres, par
où l'on montait avec une échelle. A l'intérieur
on ne voit nulle trace de voûtes, mais, le couronnement étant détruit, il est possible que la
plate-forme supérieure ait été voûtée.

La commune de Luri n'est pas la seule qui
se glorifie d'avoir reçu Sénèque. Sur le territoire voisin de Pietra Corbara, on montre une
autre tour, de tout point semblable à la première, et qu'on nomme également Torre di
Seneca, ou même Seneca tout court.

Au sommet de la montagne de Frasso, sur le chemin d'Ajaccio à Sollacaro, j'ai examiné les restes d'une ancienne tour carrée, située à la pointe d'une espèce de cap qui s'avance dans une vallée profonde. C'est, m'a-t-on dit, un débris de l'ancien château des comtes de Frasso. Pendant longtemps les évêques d'Ajaccio ont porté ce titre. Je ne cite cette ruine qu'en raison de son parement extraordinaire dans le pays pour sa régularité. Les pierres de grand appareil sont taillées avec une rare précision, et toutes les assises ont la même hauteur.

Pendant un séjour que je fis à Sollacaro, je visitai les ruines du château d'Istria dont les seigneurs ont joué un grand rôle dans l'histoire de la Corse. Il se compose de deux enceintes irrégulières, qui suivent les contours les plus bizarres du rocher très-escarpé dont il occupe la cime. Un donjon s'élève au point culminant. Ce n'est plus maintenant qu'une masse de décombres, et ces décombres mêmes

ne datent, je crois, que du xvie siècle, époque
à laquelle Vincentello d'Istria rebâtit la forteresse de ses aïeux. Cependant il est probable
que le plan primitif aura été conservé, ou du
moins qu'on aura bâti dans le système ancien,
c'est-à-dire en liant les unes aux autres, par de
la maçonnerie, les roches les plus abruptes
qui couronnent la montagne. Un caveau voûté,
enduit d'une couche épaisse de ciment, m'a
paru destiné autrefois à servir de citerne. On n'y
entre aujourd'hui que par une brèche pratiquée
à la base du mur. L'un des descendants de
Vincentello, qui porte le même nom, le fils de
M. Colonna d'Istria, maire de Sollacaro, avait
bien voulu me servir de guide dans cette rude
ascension. Il me fit remarquer la seule inscription qu'on ait trouvée dans ces ruines. Elle est
tracée sur une pierre dont il ne reste qu'un
fragment, et qu'à sa forme on juge avoir servi
de linteau de porte. On lit :

HOC OPVS FABricavit
MAGnificus Dominvs VINCENTEllus.....

Je n'entreprendrai pas de décrire d'autres ruines encore plus confuses et qui marquent à peine l'emplacement des anciens châteaux. Un seul mérite d'être cité, c'est celui de Montécchj, commune de Cagnocoli, pour son donjon couronné de machicoulis encore assez bien conservé.

En général, les seigneurs corses bâtissaient leurs châteaux sur des éminences escarpées, au faîte des rochers les plus âpres et de l'accès le plus difficile. Les murs sont épais, d'appareil incertain, d'ordinaire fondés sur le roc même. Rarement ils sont flanqués de tours, car les angles saillants des remparts, qui toujours suivent les contours des hauteurs, suffisaient parfaitement à flanquer les courtines. Ni le château d'Istria, ni celui della Rocca, ni la tour de Sénèque, ni enfin aucun de ceux que j'ai visités, n'a conservé les traces du sentier qui y conduisait autrefois. On se demande si jamais ces forteresses ont été accessibles aux chevaux. Je crois le contraire pour la tour de Sénèque. Il fallait que les seigneurs châtelains eussent toujours des provisions considérables, car une poignée d'hommes aurait pu les affamer en gardant l'étroit sentier qui conduisait à ces nids d'aigles.

Sartène, Bonifacio, Porto Vecchio, ont conservé quelques restes de leurs anciennes fortifications. Un vieux pan de muraille de cette dernière ville, qui porte encore, dit-on, les traces des boulets de Sampiero, a paru offrir à quelques personnes les caractères d'une construction romaine : je ne le pense pas; mais, à coup sûr, ce fragment de l'ancienne enceinte est de beaucoup antérieur au reste des fortifications élevées par les Génois. Impossible d'assigner une date aux courtines et aux tours de Sartène; bâties à grand appareil, mais aujourd'hui dépourvues de leur couronnement; elles n'offrent aucun indice qui les caractérise. Même incertitude pour quelques parties de l'ancienne enceinte de Bonifacio (1).

Je ne dois pas oublier une espèce de fortification que j'appellerais volontiers *domestique*, et qui n'est destinée qu'à défendre une famille contre les attaques de ses voisins. Ce sont des machicoulis, disposés en avant d'une fenêtre, au-dessus de la porte d'entrée, laquelle est d'ordinaire assez élevée, et précédée d'un escalier étroit et raide. On voit à Sollacaro deux con-

---

(1) Le rocher sur lequel est bâti Bonifacio est complètement à pic et surplombe même la mer de presque tous les côtés. On montre encore deux escaliers taillés dans le roc et aboutissant à la grève étroite, souvent couverte par les flots. L'un servait aux moines du couvent de Sainte-Marie, pour descendre au bord de la mer, au moment où rentraient les pêcheurs qui leur devaient la dîme du poisson. L'autre escalier, suivant une tradition, aurait été taillé par les soldats d'Alphonse d'Aragon, qui prétendaient par ce moyen surprendre la ville, lors du mémorable siége qu'elle soutint en 1420. Mais il suffit de considérer la hauteur du rocher, qui s'élève abruptement de plus de 200 pieds, pour se convaincre qu'un semblable travail était absolument impossible à exécuter en présence d'un ennemi. On connaît la disposition singulière du port de Bonifacio dont l'entrée

structions de cette espèce, qui ont appartenu aux seigneurs d'Istria. A Fozzano, à Olmeto, dans beaucoup de villes et de villages de la Corse *au delà des monts*, on en trouve de semblables. Sur le plateau de Frasso, non loin de la tour dont j'ai parlé tout à l'heure, existe une petite maison, bâtie de la sorte, et fort bien conservée. On n'entrait que par la fenêtre, et au moyen d'une échelle; en outre, la maison elle-même est perchée sur une roche si escarpée qu'il fallait, je pense, une autre échelle pour arriver seulement au pied du mur. Ce

est si étroite qu'on la prendrait pour une rivière débouchant entre deux masses de rochers. Bloquer ce port, le fermer était chose facile. Les Aragonnais y parvinrent en tendant une chaîne d'un bord à l'autre de la passe. Sans doute les assiégés avaient prévu le danger longtemps d'avance, et s'étaient ménagé le moyen de communiquer avec la mer du côté opposé au port. C'est évidemment dans ce but que fut taillé l'escalier qu'on attribue aux Aragonnais. Probablement les courageux Bonifaciens qui vinrent annoncer l'arrivée de la flotte génoise montèrent par ce chemin, au lieu de se faire guinder par des poulies, eux et leur esquif, ainsi que le prétend Petrus Cyrneus, dans sa relation, beaucoup trop poétique, du siége de Bonifacio. P. Cyrnei, *de Rebus Corsicis*, p. 262.

n'est qu'en m'aidant d'un arbre qui avait poussé dans une fente du rocher que j'ai pu me guinder jusqu'à cette hauteur.

Je ne parlerais pas du système très-simple des *fortifications domestiques* actuelles, si le nom qu'on leur donne n'annonçait une origine très-ancienne. Elles consistent en épais madriers, dont on garnit la partie inférieure des fenêtres, en ménageant des trous assez larges seulement pour passer un canon de fusil. On nomme ces meurtrières des *archere*, ce qui indique que leur invention ou leur usage est antérieur aux armes à feu. A l'honneur des mœurs modernes, je dirai que je n'ai guère vu d'*archere* que dans le village d'Arbellara; mais on m'assure qu'on y en tire un très-grand parti.

PONTS.

La plupart des ponts anciens sont attribués aux Génois ; ainsi que presque tous ceux du moyen-âge, ils sont fort étroits et élevés vers leur centre, en sorte que leurs arches sont de hauteur inégale, et que la ligne du parapet décrit un angle obtus. D'ordinaire, ce parapet bâti en encorbellement, repose sur une ligne de consoles réunies par une arcature continue. On a peine à comprendre une disposition qui se rencontre souvent : au lieu de traverser perpendiculairement les cours d'eau, ces ponts les coupent obliquement, et leurs abords sont eux-mêmes obliques par rapport à l'axe des arches. Leur plan figurerait un Z. Tel est le pont de Bevinco, qu'on trouve pour aller de Bastia à la plaine de Mariana ; celui de Calzuolo sur le Taravo, route d'Ajaccio à Sartène, les ponts de

Corte sur la Restonica et le Tavignano, et une infinité d'autres.

Le seul motif qui puisse avoir dicté cette disposition bizarre serait d'empêcher de passer le pont d'emblée et par surprise, en lançant son cheval au galop ; ce qui ferait supposer que dans un temps on exigeait un péage. Mais nulle part je n'ai trouvé de souvenirs de pareille coutume. Les ponts de Corte sont intéressants pour la défense de la ville, et l'on conçoit qu'on ait cherché à en rendre les abords difficiles ; mais le pont de Bevinco, par exemple, et celui de Calzuolo, éloignés l'un et l'autre de tout village, n'ont jamais été des points militaires, et l'on n'aperçoit aux environs aucune trace de fortifications. J'ajouterai que, pendant plusieurs mois de l'année, les rivières qu'ils traversent sont facilement guéables, et dans l'hypothèse d'une invasion, même à l'époque où les torrents sont grossis par les pluies, on peut toujours les passer en les remontant à une petite distance.

ALERIA

En vérité, on ne peut voir là qu'une disposition étrangère, importée aveuglément dans une localité où elle n'a pas d'objet.

BAS-RELIEFS, SCULPTURES, ETC.

J'ai plusieurs fois signalé la mauvaise exécution des bas-reliefs des XIIe et XIIIe siècles, placés en général sur les portails ou dans les tympans des arcatures appliquées (1). On n'a-

(1) J'aurais dû citer plus tôt deux bas-reliefs curieux, et d'une saillie assez forte, qui se trouvent dans le village d'Aleria, enlevés, comme il semble, à quelque église détruite aujourd'hui. L'un, encastré dans le mur d'une maison moderne, représente deux monstres, liés par le milieu du corps, ayant deux avant-mains et point de croupe. Sur l'autre, on voit deux monstres fantastiques s'entrebattant. C'était un sujet favori des sculpteurs du moyen-âge. Je crois ces deux bas-reliefs du commencement du XIIIe siècle : l'exécution en est grossière, mais supérieure cependant à celle de la plupart des sculptures que j'ai déjà décrites.

perçoit presque aucun progrès dans les deux siècles suivants. A la vérité, je ne connais de cette époque que des pierres tumulaires encastrées dans le pavement de plusieurs églises, comme par exemple le tombeau d'un évêque Spinola dans l'église de Saint-Pierre, à Bonifacio, celui de Madona Sirena, femme de Rinuccio della Rocca , dans le couvent de Saint-François à Tallano: ce dernier porte la date de 1498. Il est impossible d'imaginer rien de plus mauvais. Ce couvent néanmoins passait pour un des plus riches, et son église pour une des mieux décorées de la Corse. Elle fut bâtie par Rinuccio, seigneur puissant d'au-delà des monts, d'abord partisan des Génois, puis leur ennemi acharné. Par suite de la révolution, on a transporté du couvent dans la paroisse de Santa-Lucia de Tallano le petit nombre d'objets d'art qu'il avait reçus de son fondateur, entre autres un charmant petit bas-relief, représentant la Vierge et l'Enfant Jésus en marbre blanc. C'est le seul morceau de la Renaissance vraiment remarquable que j'aie rencontré dans toute la Corse. Dans la sacristie de la même église, et derrière le maître-autel, on voit quelques tableaux qui proviennent d'un retable du monastère de Saint-François; ce sont des figures de saints ou des compositions ascétiques comme le Couronnement de la Vierge, toutes de petite proportion et d'un fini précieux, qui rappelle un peu les ouvrages du Belin. Plusieurs têtes se distinguent par la noblesse et la naïveté de l'expression. Je ne doute point que ces tableaux et quelques autres, qui sont restés dans le couvent, n'aient été peints en Italie. Ils ne portent point de nom d'auteur, et m'ont semblé fort antérieurs à la construction du couvent qui ne date que de l'année 1492.

Dans plusieurs églises de Bastia et d'Ajaccio, on voit quelques tableaux de l'école génoise, mais aucun ne m'a paru digne d'être cité, et la plupart ne sont, je pense, que de médiocres copies.

Je n'ai vu dans les cabinets de quelques amateurs de Bastia et d'Ajaccio que très-peu de meubles anciens, et tous de fabrique étrangère. Les armes du moyen-âge sont également très-rares, et je n'en connais point qui remontent au-delà du xviie siècle. Philippini, parlant de la passion de ses compatriotes pour les armes à feu, disait que des gens qui n'avaient qu'un champ le vendaient pour se procurer une belle arquebuse; qu'il n'y avait pas un Corse qui n'en possédât une ou plusieurs, en très-bon état. Que sont devenues toutes ces armes? Pendant longtemps, un fusil a été pour un Corse, et est encore pour beaucoup de personnes un objet non de luxe, mais de nécessité. Je crois donc qu'à mesure que les armes à feu se sont perfectionnées, les arquebuses se sont échangées pour des mousquets, les mousquets pour des fusils. Aujourd'hui, les fusils à pierre disparaissent de l'île, et il n'est pas rare de voir entre les mains d'un paysan en guenilles un excellent fusil à deux coups, avec des batteries à percussion.

Je viens, Monsieur le Ministre, de vous faire connaître les résultats de ma tournée en Corse, résultats presque négatifs, car je n'ai guère eu qu'à constater la rareté et le peu d'importance des monuments de ce pays. Je suis loin de les avoir examinés tous, mais je doute qu'on en puisse trouver d'étrangers aux types que j'essayais tout à l'heure de caractériser. S'il m'appartenait d'indiquer à vos correspondants et aux antiquaires qui parcourront la Corse après moi un sujet de recherches, je leur conseillerais de les diriger particulièrement sur ces monuments appartenant à une époque et à une civilisation mystérieuses, et dont je n'ai pu vous signaler qu'un bien petit nombre. Décrire, par exemple, les Stazzone et les Stantare encore peu connues; étudier la circonscription de ces monuments étranges; explorer les lieux où l'on peut supposer leur existence; recueillir des renseignements précis sur ces urnes singulières qui renferment des cadavres, et sur les objets qui les accompagnent; enfin, rassembler tous les

documents, tous les faits, qui peuvent conduire
à la connaissance des origines de la Corse : voilà
des travaux qui, je pense, pourraient rendre
un véritable service à l'archéologie et à l'histoire.

NOTES.

La plupart des notes ci-jointes m'ont été communiquées avec le plus généreux empressement par M. Gregori, conseiller à la cour royale de Lyon, à qui l'on doit l'excellente édition de Filippini et de Petrus Cyrneus, publiée en 1832, aux frais de M. le comte Pozzo di Borgo. A chaque volume, M. Gregori a joint, sous le titre d'Appendice, des dissertations du plus haut intérêt sur la géographie, le gouvernement, les magistratures du pays, enfin, quantité d'actes et de diplômes inédits qui jettent une lumière nouvelle sur des événements jusqu'alors peu connus. Cet ouvrage a été distribué gratis aux chefs-lieux de canton de la Corse. M. Gregori s'occupe en ce moment d'une histoire générale de l'île, qui, j'espère, ne tardera pas à être publiée.

NOTE A.

LE CHRISTIANISME EN CORSE.

Le christianisme a dû être introduit en Corse pendant le ive siècle et peut-être avant. Le martyre de Sainte-Julie, dont la légende a été publiée par les Bollandistes, doit avoir eu lieu entre les années 470 et 477.

En 484, un évêque de Corse fut relégué dans l'intérieur de l'Afrique, par Hünneric, roi des Vandales.

Du temps de saint Grégoire, au commencement du viie siècle, la Corse n'avait pas encore renoncé tout à fait au paganisme. Ce pontife écrivait à Pierre, évêque d'Aleria, en 598, la lettre suivante :

« Susceptis epistolis fraternitatis vestræ, magnas omnipotenti Deo gratias retulimus : quia de congrega-

tione multarum animarum nos dignatus es relevare. Et
ideo fraternitas vestra sollicite studeat opus quod cepit,
auxiliante Domino, ad perfectionem deducere. Et sive
eos *qui aliquando* fideles *fuerunt,* sed ad cultum idolo-
rum negligentia aut necessitate faciente reversi sunt,
festinet cum invicta pœnitentia aliquantorum dierum ad
finem reducere, ut reatum suum plangere debeant, et
tanto firmius teneant hoc ad quod Deo adjuvante
revertuntur, quanto illud perfecte defleverint unde
discedunt; *sive eos qui necdum baptisati sunt* admo-
nendo, rogando, de venturo judicio terrendo, rationem
quoque reddendo, quia *ligna et lapides* colere non
debent, festinet fraternitas tua omnipotenti Domino
congregare; et in adventu ejus cum districtus dies judi-
cii venerit, in numero sanctorum possit tua sanctitas
inveniri. Quod enim opus utilius et sublimius acturus
es, quam ut de animarum vivificatione et collectione
cogites, et tuo domino, qui tibi locum prædicandi dedit
immortale lucrum reportes. Transmisimus autem
fraternitati tuæ quinquaginta solidos, ad vestimenta
eorum, qui baptizandi sunt, comparanda; presbytero
quoque ecclesiæ quæ *in Negeugno* monte sita est, pos-
sessionem quam tua fraternitas petiit, dari fecimus,
ita ut quantum præstat, tantum de solidis quos accipere
consueverat, minus accipiat.

Vestra autem fraternitas petiit ut sibi episcopum in
ecclesia quæ non longe ab eodem monte est, facere
debeat : quod omnino libenter accepi : quia quantum
vicina fuerit tantum prodesse animabus illic consisten-
tibus amplius potuerit. »

Ad Petrum Episcopum (Aleriensem).

Sancti Gregorii papæ Registri Epistolarum L° 8°,,
epist. I.

Note de M. Gregori.

NOTE B.

Le peu de superstitions populaires qui sont venues à ma connaissance m'ont paru conservées plutôt par respect pour leur antiquité que parce qu'on y attache encore quelque croyance.

La plus ordinaire est l'idée antique qu'on peut jeter un sort, soit par le regard soit par des éloges. Cela s'appelle *innochiare, annochiare.* Tout le monde n'a pas le pouvoir de nuire par les yeux ; il faut avoir le mauvais œil, et celui qui l'a fait souvent du mal sans le vouloir. L'*annochiatura*, par les éloges, atteint surtout les enfants. Plus d'une mère lorsqu'on loue la beauté de son fils vous dira : *Nun me l'annochiate*, ne me le fascinez pas. Et il n'est pas rare d'entendre des Corses dire d'un air de tendresse à un enfant : *che tu sia maladetto — scomunicato,* etc., sois maudit, excommunié, parce que le charme opère en sens contraire. On fait ainsi un souhait heureux, sans compromettre celui à qui il s'adresse.

J'ai ouï parler de quelques bandits (ce mot doit toujours se prendre dans le sens de proscrit) qui portaient sur eux des scapulaires, afin de se rendre invulnérables. Il y a un mot pour exprimer cette sorte de charme, c'est *ingermare*. On y croyait beaucoup en France au xvi° siècle, et l'on se rendait *dur*, c'est-à-dire invulnérable, au moyen de certains amulettes.

Voici enfin une dernière superstition dont j'ai été témoin. Une femme enfonça, en ma présence, un tison éteint dans un tas de maïs placé sur l'aire. J'en demandai la raison, et elle me dit, après s'être un peu fait prier, et d'un air tout honteux, que cela empêchait les *streghe*, les sorcières, d'enlever le grain. — Il y a deux ans que je vis à Jargeau, près d'Orléans, un feu de la Saint-Jean, solennellement béni par un prêtre en étole. Les femmes et les hommes se précipitèrent sur les brandons et les emportèrent, afin, me dit-on, d'empêcher le tonnerre de tomber sur leurs maisons. En 1839, j'ai vu à Chambord un tison semblable cloué au-dessus d'une porte du château.

J'ajouterai qu'on brûle ou qu'on assassine en France deux sorciers, bon an mal an, et qu'en Corse, on leur laisse pratiquer leur magie à leurs risques et périls dans l'autre monde seulement.

NOTE C.

ALERIA.

Nomine autem adhuc illustris est, et situ et ambitu patens; ceterum nihil residui habet, præter excubiarum arcem, equitumque cohortem atque residentiam Locum tenentis, eo translatam anno 1639, pro faciliori administratione justitiæ populis plebaniarum, vel etiam pro introductione in eam incolarum, sed adhuc parva, seu minima; prout etiam operata fuit bulla Innocentii IV, anno 1252, pro concessione indulgentiæ, tenoris sequentis: (1)

Cette bulle, datée de Pérouse, est rapportée par Ughelli (Italia sacra. 2).

Episcopo Aleriensi insul. Cor.

Exposuit nobis tua fraternitas, quod ex eo, quod

---

(1) Canari, Descriptio Corsicæ. Manuscrit communiqué par M. Gregori.

castrum Aleriæ, quod est juxta mare in quo sedes tua episcopalis consistit, raris incolitur habitatoribus, illud frequenter piratæ per mare euntes obsident, teque ac homines dicti castri spoliantes bonis vestris, ac non nulli magnates, et homines tuæ diocœsis illud idem, Dei timore postposito facientes, graves tibi et tuis inferunt injurias. — Quare nobis humiliter supplicarunt ut vicini multi de Tuscia et aliis partibus ad habitandum ipsum castrum venire desiderent, teque ac jura tua, et ecclesiasticam libertatem ab hujus modi persecutoribus defendere, dum modo aliquas suorum peccatorum indulgentias per sedem apostolicam consequantur, super hoc providere salubriter curaremus. De tua igitur circumspectione plenam in Domino fiduciam habentes concedendi jure nostro venientibus illuc, et tibi assistentibus in promissis, illam suorum peccaminum veniam de quibus vere contriti fuerint et confessi, quam secundum Deum ipsorum animarum saluti expedire videris, auctoritate tibi præsertim concedimus facultatem.

Datum Perusii 10 kal mart. anno 10. 1252.

NOTE D.

MARIANA.

En 1119, l'archevêque de Pise, Pierre, se vint en Corse avec un nombreux cortége. Voici en quels termes il est rendu compte de cette expédition.

Post discessum venerabilis papæ Gelasii, Petrus Pisanorum archiepiscópus, cum Petro cardinali ecclesiæ Romanæ legato, et cum ecclesiæ Pisanæ canonicis, atque cum Ildebrando judice et Pisanorum tunc consule, aliisque Pisanis civibus, in Corsicam ivit, ibique honorifice receptus, in conspectu cleri et populi Corsicani Marianensem electum pontificem, et illius *ecclesiam consecravit*, aliorumque Corsicæ Pontificum obedientiam et fidelitatem recepit. — Anno Incarnationis 1119. — (1)

(1) Anonim. de gesta Pisan , apud Muratori, rerum Italic. script. 2, 60.

Ne pourrait-on pas avancer que c'est à cette époque que la Canonica de Mariana a dû être restaurée?

En 1550, elle était à peu près dans l'état où elle est aujourd'hui.

(Note communiquée par M. Gregori.)

NOTE E.

SAINTE-CATHERINE DE SISCO.

L'église de Sainte-Catherine de Sisco a été fondée près des ruines d'une ancienne abbaye, dont l'antiquité remonte à l'année 400 de notre ère. Vitalis (1) dit avoir lu dans une ancienne donation faite par le marquis de Massa, seigneur de Corse, aux moines de *Monte Cristo*, le nom de cette église ou abbaye indiquée sous la dénomination de *Sancta Maria Magdalena fluminis Sauri*. Cette même église passa ensuite aux moines des Camaldules en vertu d'une bulle de Clément VI, vers l'année 1342. Semidei, en parlant de la tour dont on voit les ruines sur la pointe de *Sagro*, dit que ce cap portait anciennement le nom de *Sauro*. (2)

(1) Vitalis, Sanctuario di Corsica, pag. 195.

(2) Premendo l'estemità degli scogli che spingono la fronte in mare, una torre denominata *sagro* che anticamente dicevasi *sauro* e quivi era fondata un abazia col titolo di Santa-Maria-Maddelena della Chiesa, pur ora sene osservano le semplici mura.

Semidei, descrizione del regno di Corsica, pag. 472. 1 vol. in-4, Napoli, 1737.

(Note communiquée par M. Gregori.)

NOTE F.

TOURS.

Le littoral de la Corse était défendu par des *tours* dont la construction ne remonte pas au-delà du XIVe siècle. Ces constructions ont eu lieu aux dépens des habitants, qui se sont imposés extraordinairement pour garantir leur littoral des incursions des pirates barbaresques. Le nombre de ces tours était de 85 au commencement du XVIIIe siècle. Canari en a fait la répartition de la manière suivante :

15 sur la côte nord de l'île.

34 sur la côte occidentale.

6 sur la côte méridionale.

30 sur la côte orientale. (1)

(1) Canari, descriptio Corsicæ, Mss.

(Note communiquée par M. Gregori.)

POÉSIES

POPULAIRES CORSES.

Je joins ici quelques poésies populaires corses.
Lorsqu'un homme est mort, particulièrement lorsqu'il
a été assassiné, on place son corps sur une table ; et les
femmes de sa famille, à leur défaut des amies, ou des
femmes étrangères connues pour leur talent poétique,
improvisent des complaintes en vers dans le dialecte
du pays. Quelquefois c'est la fille, la femme même du
mort qui chante ou déclame devant son cadavre. Cet
usage existe aussi chez les Grecs, où cette sorte de
lamentation funèbre se nomme Μοιριολόγι. En Corse,
on l'appelle *Voceru, Buceru, Buceratu*, sur la côte
orientale ; — au-delà des monts, *Ballata*. Le mot *voceru*,

vient du latin *vociferare*, dont les Corses ont retranché deux syllabes.

Le thême ordinaire de ces chants est la vengeance ; et il n'est pas rare qu'une célèbre *buceratrice* fasse prendre les armes à tout un village par la verve sauvage de ses improvisations.

Si le mort a succombé à une maladie, le voceru n'est qu'un tissu de lieux communs sur ses vertus, etc. En général, c'est sa femme qui parle et qui lui dit : Que te manquait-il ? N'avais-tu pas une maison ? un cheval ? etc., etc. — Pourquoi nous as-tu quittés ?

Un homme mourut dernièrement de la fièvre à Bocognano ; ses amis vinrent l'embrasser suivant l'usage de cette localité , et l'un d'eux lui dit : *O che tu fossi morto delle mala morte, t'avremmo vendicato !* O que n'es-tu mort de la male mort (c'est-à-dire, assassiné), nous t'aurions vengé ! — On le voit, la Corse est encore loin de ressembler au continent.

SERENATA

D'UN PASTORE DI ZICAVO.

———

Andare minni vuo da Succillenza
E d'una lattra ti vodru accusari,
Lu primu jurnu ch' idru teni udienza,
Unu mimuriali ci vuo dari.
Si la justizia nun mi fa clemenza
A dru ministru mi vodru appillari,
Parchì tu buli vivi di puttenza.
Essere amatta e non bulir amari.

Ma s' t' hai pinzeri di bulimmi amani
Quistu è lu modu chi t' hai da tineri :
Bistemia, quannu mi senti parlani,

SÉRÉNADE [1]

D'UN BERGER DE ZICAVO.

Je veux aller par-devant son excellence, — pour t'accuser de vol : — le premier jour qu'il tiendra l'audience, — je lui remettrai un placet; — si la justice ne m'est clémente, — j'en appellerai au ministre, — car c'est trop superbe à toi — d'être aimée, et de ne pas vouloir aimer.

Mais si tu as l'idée de me vouloir aimer, — voici la façon dont tu dois t'y prendre : — maudis-moi quand tu m'entends parler ; — signe-toi, quand tu me vois

(1) L'usage des sérénades se passe. Il y a peu d'années encore elles étaient très fréquentes : on chantait avec un accompagnement de guimbarde, et entre chaque couplet tous les musisiens faisaient une décharge de leurs armes à feu.

E fatti cruci, quannu tu mi vedi.

Allor la jenti nun pinzerà mali

Vidennu che mi fai tal dispiacchieri,

E pò, la sera manna mi à chiamani

Par qualchi to fidattu missachieri.

Gioja de' cori ej' sempre t' ho chiamattu,

E per amari a tia, so-ju sordu e muttu :

Pattu più chi nun patti unu dannatu,

Sto in didru infernu e ti dumannu ajuttu.

O ingratta donna, è parchi m' hai burlattu?

E quistu pettu parchì l' hai faruttu?

E medru essere amanti, e nun amattu,

Ch' esseri amanti amattu, e poi traduttu.

Gioja, tu m' ha' ridottu a singhiu tali :

Vo-ju à la missa, e nun so duve sia.

Nun ascoltu parodra di u missali,

E nun so-ju piu dì dr' Ave Maria ;

Quann' eju la dicu, nudra nun mi vali,

Parchì eju so-ju a tia troppu riali.

In ogni locu sempre ti burria.

Quann' eju ti vedu in qualche loccu stari

Ti pregu, anima mia, nun ti partiri ;

venir; — alors les gens ne penseront point à mal, —
voyant que tu me fais ces déplaisirs; — et puis, le soir,
envoie-moi chercher — par quelque messager fidèle.

Joie des cœurs je t'ai toujours nommée; — par trop
t'aimer, je suis sourd et muet; — je souffre plus que ne
souffre un damné; — je suis en enfer, et je te demande
assistance. — O femme ingrate, et pourquoi te moques-
tu de moi? — Pourquoi ce cœur, l'as-tu féru de la
sorte? — Mieux vaut être amant sans être aimé — qu'a-
mant aimé, puis trahi ensuite.

Ma joie, vois où tu m'as réduit: — je vais à la messe
et je ne sais où je suis; — je n'écoute pas la parole du
missel — et je ne sais plus dire l'*Ave Maria* — quand
je veux le dire, cela ne me sert de rien — parce que je
te suis trop fidèle. — Dans tout lieu je voudrais te voir.

Quand je te vois dans quelque lieu — je te prie, mon
âme, de ne point t'en partir: — laisse-moi dans tes yeux

Lasciami, in tuoi quèsti occhi saziari,
Ch' altru nun bramu sol ch' à tia vidiri.
La to mammaccia mi fa adirari;
Peghiu chi mortu mi burria vidiri,
Edra dici che sempre m'adruntani,
E chi nun ti fichiuli, e nun ti miri.

So-ju stattu à confissami, o divia mia :
Sa' chi m' ha dittu lu me cunfissoru?
Dici ch' affattu eju mi scordi di tia,
Chi se ci penzu mi conzummu e moru.
S' eju la facissi gran pena aviria,
A nun pinzari a vo', riccu tisoru
Ma quistu è veru, e nun dicu bugia :
Se t' amu eju peccu, e se nun t'amu eju moru.

Disidara u malattu risanari,
L'imprighionattu di prighioni usciri;
Disidara u von tempu u marinari,
Par puteri u viaghiu suu siguiri,
Dinari, oru, ed arghientu accumulari,
Par puteri l'intentu conseguiri.
Eju bramu solu di putè bacchiari
La to buccucchia, e pò doppu muriri.

me rassasier; — je ne demande autre chose que de te voir. — Ta maudite mère me fait enrager : — pis que mort elle voudrait me voir; — elle dit toujours que je m'éloigne, — que je ne te fasse pas la cour, que je ne te regarde pas.

Je suis allé à confesse, ô ma divinité, — sais-tu ce que m'a dit mon confesseur ? — Il dit qu'il faut que je t'oublie, — que si je pense à toi, je me consume et je meurs. — Si je le faisais, grande serait ma peine — de ne plus penser à toi, mon riche trésor! — Tiens, voici la vérité, ce n'est point une menterie que je te conte : — si je t'aime, je pèche, et si je ne t'aime pas, je meurs.

Le malade voudrait guérir, — le prisonnier de prison sortir, — le marinier demande le beau temps — pour pouvoir continuer son voyage. — Écus, or, argent (voilà ce qu'il voudrait) , accumuler — pour en venir à ses fins; — moi, je demande seulement de pouvoir baiser — ta petite bouche, et puis de mourir après.

L'ucedru innamurattu spessu gira,

Volandu pè li boschi e la campagna ;

E chivi canta et quinci intornu mira ,

Par ritruà l'amatta so cumpagna.

Quannu po' nun dra truva , idru s'adira

E cun dulenti canti idru si lagna :

Ed eju quannu ti cercu, e nun ti trovu

E mille pene, e mille afanni eju provu.

Eju t' amu tantu, e mi ne do-ju lu vantu

Chi nissum nun t' ama quantu e mia.

Ti portu scritta in quistu pettu tantu,

Chi mai nun m'esci da dra fantasia.

S' tu vuoi sapiri quantu sia stu tantu,

E quantu il pettu, e dru cor' dedra alma mia.

S'intrassi in Paradisu santu, santu,

E nun truvacci a tia , mi n' esciria.

L'oiseau enamouré tourne sans cesse — voltigeant par les bois et la campagne : — ici, il chante, là il regarde autour de lui, — cherchant à retrouver sa compagne chérie. — S'il ne la trouve, il se dépite — et tristement chante sa peine ; — et moi, quand je te cherche, et que je ne te trouve pas, — mille peines, mille tourments, voilà ce que j'éprouve.

Je t'aime tant !..... Oui, je m'en vante,—personne ne t'aime autant que moi ; — je te porte écrite dans mon cœur, tant — que tu ne me sors pas de l'imagination. — Si tu veux savoir le combien je t'aime — et du fond de mon cœur et du fond de mon âme : — si j'entrais dans le paradis saint, saint, — et si je ne t'y trouvais pas, j'en sortirais.

VOCERU DI NIOLO.

Eju filava a mio' rocca
Quandu hu intesu un gran rummore ;
Era un colpu di fucile
Chi m'intrunò 'ndru cuore ;
Parse ch' unu mi dicissi :
— Cori, u to fratellu more !

Corsu 'ndra cammara suprana
E spalancai-ju la porta.
— « Ho livato 'ndru cuore ! »
Disse, ed eju cascai-ju morta.
Se allora nun morsu anche eju
Una cosa mi cunforta :

Bogliu vestè li calzoni,
Bogliu cumprà la tarzzetta,
Pè mostrà a to camiscia,

LAMENTATION FUNÈBRE DU NIOLO.

Je filais mon fuseau
Quand j'entendis un grand bruit;
C'était un coup de fusil
Qui me tonna dans le cœur;
Il me sembla que quelqu'un me dit :
— « Cours, ton frère meurt ! »

Je courus dans la chambre, en haut,
Et je poussai précipitamment la porte.
— « Je suis frappé au cœur ! »
Il dit, et je tombai (*comme*) morte.
De n'être pas morte alors, moi aussi,
C'est pour moi quelque consolation :
(*Je puis me venger.*)

Je veux mettre des chausses (*d'homme*),
Je veux acheter un pistolet,
Pour montrer ta chemise (*sanglante*).

Tandu, nimmu nun aspetta
A tagliasi la so varba
Dopu fatta la vindetta.

A fane a to vindetta
Qual' voli chi ci sia?
Mammata vicinu à mori?
U a to surella Maria?
Si Lariu nun era mortu
Senza strage nun finia.

D'una razza cusì grande
Nun lasci che una surella
Senza cugini carnali
Povera, orfana, zitella.....
Ma per far a to vindetta,
Sta siguru, vasta anche ella.

Aussi bien, personne n'attend
Pour se faire couper la barbe
Que la vengeance soit accomplie (1).

Pour te venger
Qui veux-tu que ce soit?
Notre vieille mère, près de mourir?
Ou ta sœur Marie?
Si Lario (2) n'était pas mort,
Sans carnage l'affaire ne finissait pas.

D'une race si grande
Tu ne laisses qu'une sœur,
Sans cousins-germains,
Pauvre, orpheline, sans mari...
Mais pour te venger,
Sois tranquille, elle suffit.

(1) La chemise sanglante d'un homme assassiné est gardée dans une famille comme un souvenir de vengeance. On la montre aux parents pour les exciter à punir les meurtriers. Quelquefois, au lieu de chemise, on garde des morceaux de papier trempés dans le sang du mort, qu'on remet aux enfants lorsqu'ils sont d'âge à pouvoir manier un fusil.

Les Corses se laissent pousser la barbe en signe de vengeance ou de deuil. « Personne n'attend pour se faire couper la barbe; » c'est-à-dire, il n'y a personne qui se charge de te venger.

(2) Abrévation du nom d'Hilarion.

BUCERATU

DI BEATRICE DI PIEDICROCE, ALLA MORTE D'EMMANUELLI
DELLE PIAZZOLE, GIUDICE DI PACE DEL CANTONE D'O-
REZZA. 1845.

Quandu ne intesì la nuova
Era alla nostra funtana ;
Dissi : qual notizia corre
Oggi in Orezza sottana?
— Mi dissero : Alle Piazzole
Si macella carne humana.

Passandu sotto San-Pietru
Eju nun vedea piu lume,
Il mandile ch' avea in manu
Parea bagnatu nel fiume.
È per terra il mio columbu
E per l'aria son le piume.

— Ne siamo state à pusà,
Signor giudice, à San-Pietru

LAMENTATION

DE BÉATRICE DE PIEDICROCE, SUR LA MORT D'EMMANUEL
DE PIAZZOLE, JUGE DE PAIX DU CANTON D'OREZZA,
ASSASSINÉ EN 1845.

Quand j'en appris la nouvelle,
J'étais à notre fontaine ;
Je dis : — Quelle nouvelle y a-t-il,
Aujourd'hui, dans le bas d'Orezza ?
— Elles me dirent : Aux Piazzole,
Il y a boucherie de chair humaine.

Passant au-dessous de San-Pietro
Je ne voyais plus la lumière.
Le mouchoir que j'avais à la main
On l'eût dit trempé dans la rivière.
Par terre est mon tourtereau,
Ses plumes flottent au vent.

— Nous nous sommes reposées,
Monsieur le juge, à San-Pietro,

Nunne vulete muntà?
V'aspetta il signor Piovano;
Ch'è gia prontu il desinà.

Oggi, si, lu vostru sangue
Si lu inghiotti lu terrenu.
Ma si eju mi c'era truvata
Mi lu vuglia pone in senu
Poi, spargelu pè le Piazzole,
Che fosse tantu velenu..

Maladì vogliu lu ditu!
Maladì vogliu la man!
Quello chi ha tumbatu à boi
Statu è un Turco o un Luteran?
E di paese vicinu?
O di paese luntanu?

Duve è la so cara figlia,
Ch'ella si compri un mandile
E tinge lu nel lu so sangue,
O sangue cusi gentile!

Ne voulez-vous pas monter?

Monsieur le curé vous attend;

Le dîner est prêt.

Aujourd'hui, oui, votre sang

La terre le boit.

Mais, si je m'étais trouvée là,

Je l'aurais (*recueilli et*) mis dans mon sein

Pour le répandre ensuite dans les Piazzole,

(*Tant*) Qu'il devint un poison (*pour vos meurtriers*)! (1).

Maudit le doigt!

Maudite la main (*du meurtrier*)!

Celui qui vous a tué,

Était-ce un Turc, un luthérien?

Était-il d'un pays voisin?

Ou d'un pays éloigné?

Où est sa chère fille?

Qu'elle s'achète un mouchoir

Et le teigne dans son sang,

Ce sang si noble,

(1) Allusion à la chemise sanglante. L'improvisatrice veut dire qu'elle aurait recueilli le sang du juge de paix, et l'aurait montré à ses amis des Piazzole pour les exciter à la vengeance.

E poi cingelusi al collu.
Quand' ella ha boglia di ride.

Ora, si, miei cari figli,
Che son fatte le faccende,
Eju vedu che uscite fuori
E ciascun l'armi prende
Mortu è il giudice di pace.
Oggi piu non si defende.

Et qu'elle se le mette au cou

Lorsqu'elle a envie de rire.

Or, sus, mes chers enfants,

Plus d'affaires.

Je vous vois sortir,

Et chacun prend les armes.

Il est mort le juge de paix,

Il ne se défend plus.

(1) Ces deux lamentations m'ont été communiquées par M. Capel, conseiller à la cour royale de Bastia, qui prépare en ce moment un travail du plus haut intérêt sur les mœurs et les usages de la Corse.

BALLATA

FATTA SULL' CORPO MORTO DA MARIA R*** DI LEVIE.

———

O caro della surella,
Fratello pegno amà'!
Lu mio cervo pilibrundo
Lu mio falco senza ale!
Possibile che Ella sia!
No la credo manco avale.
Vi vedo con li miei occhj
Vi tocco colle mie manj!
O caro della surella,
Baccio le vostre funtani.

Lu mio marmaro piantato,
Lu vapore mezzo mare,

IMPROVISATION

DE MARIE R***, A L'OCCASION DE LA MORT DE SON MARI, ASSASSINÉ AVEC SON COUSIN, SUR LE CHEMIN DE TAL-LANO A LEVIE (1858).

———

Amour de ta sœur (1),—frère, objet aimé,—mon cerf au poil brun, — mon faucon sans aîles ! —Se peut-il qu'Elle soit (2) ici ? — je ne le crois pas encore mainte-nant.—Je vous vois de mes yeux ; — je vous touche de mes mains, — époux chéri, — je baise vos fontaines (sanglantes).

O mon rocher de marbre,—ma vapeur sur la mer,— mon héros fait au pinceau, — enfant des villes, — tant

——————

(1) En Corse, le terme d'affection entre époux est fratello, surella, frère, sœur. En Espagne, c'est hijo, hija, fils, fille.

(2) La mort. On ne la nomme pas, pour éviter un mot néfaste. C'est par un motif semblable que les Grecs ont nommé les Furies, Euménides, et les paysans écossais, les fées *guid folk, les bonnes gens.*

Lu mio fatto allo pinello
Venuto dalle cittane.
Tandu vidi che à Maria
No le potea durane !

Lu mio scorto pè fugì,
Lu mio bravo pè parane !
Se lu , si fosse trovato
Colle suoi arme alle mane
Non si lascea far torto
Non le faciane male.

O dolce piu di lu miele !
O manso piu di lu pane !
Paria che Dio l'avessi fatto...
Maria, colle mio' mane.

Quanto vi fecene honore
Quando alzeste a Levie !
Sortini tutti li signori ;
Poi vi diene le viva.
La mattina di lo vescò
Paragone non avia.

de bonheur , Marie le voyait bien, — ne pouvait
durer.

Habile pour fuir (1); — brave pour combattre de
pied ferme, — s'il s'était trouvé, — avec ses armes à la
main, — il ne se laissait pas insulter, — on ne lui faisait
point de mal.

Plus doux que le miel, — meilleur que le pain, — on
eût dit que Dieu l'avait fait..... que Marie même l'avait
fait de ses mains.

Que d'honneurs on vous fit — quand vous montâtes
à Levie ; — tous les messieurs sortirent — et vous don-
nèrent les *vivat !* — Le jour de l'entrée de l'évêque —
ne pourrait se comparer à ce jour-là.

(1) C'est une expression tont homérique.

Se ella l'avessi saputa
La vostra surella Maria!....
Perche tutto lu mio sanguino
In vita a voi lu volia.
Ed uomini quante mosche
Manda cui eju volia
E poi mette mi alla testa
La vostra surella Maria.

Arrivata alla vostra porta
M'avete trattata male;
Non siete sortito fuori
A voler me scavalcare.
Ci son' intrata a trece stese
Fratello ne vostre sale.
E poi c' eju ho trovato a voi
Spanzato como 'un majale.

O lu mio Zucchero canto
Lu mio miele della arena!
Mi sento fuggé lu sangue,
Fratello, per ogni vena.

Quanto che lu mio babà

Si elle l'avait su — votre sœur Marie!... — toute ma
lignée — vous voulait en vie; — des hommes aussi nombreux que des mouches — je les aurais amenés ici — et
je me serais mise à leur tête, — moi, votre sœur Marie.

Arrivée à votre porte — vous m'avez traitée mal; —
vous n'êtes point sorti dehors — pour m'aider à descendre de cheval; — je suis entrée les cheveux épars —
mon frère, dans votre salle — et là je vous ai trouvé —
décousu comme un sanglier.

O mon sucre, — mon miel des sables, — je le sens,
voilà que mon sang se retire, — mon frère, de toutes
mes veines.

Que de projets, mon papa — avait conçus — il était

Avea voluto fane.

Era culato nella pieve

Teso avea lu cannochiale;

E poi mi avea scelta voi,

’O pegno particolare.

O Alto quanto lu sole!

O largo quanto lu mare!

Bastava che voi fosse stato

Men’ che voi di meditani.

Le ricchezze in questo luogo

Fossene state amare;

Con vosco, la sua surella,

Mene fosse andata à zappane.

Perche non avesse pianto

Fratello, di questo male.

Se la fosse per la robba,

Per impegni, o per danari,

O Caro della surella,

Non vi lasciava mandà;

Che insu v’era lu fiume

E ciù’ v’era lu mare.

monté au village — avait braqué sa lunette (1) (*pour vous voir venir*), — et vous m'aviez choisi — comme un objet de prédilection.

Vous étiez haut comme le soleil, — vaste comme la mer ; — il eût suffi que vous fussiez — la moitié moins grand que vous n'êtes.

Les richesses en votre endroit — me furent amères : —avec vous, votre sœur—aurait pioché la terre ;—elle n'aurait pas versé tant de larmes ; — frère, pour un tel malheur.—Ni les biens — ni les relations, ni l'argent — époux chéri—ne vous ont pas séduit ; —là, (*chez moi*) c'était un fleuve (*de biens*) ; — ici (*chez vous*) c'était une mer.

(1) L'habitude de se mettre en garde contre les surprises a rendu commun, en Corse, l'usage des lunettes d'approche. Presque tous les bandits en portent.

O Mamma siete la mia.
Mi era informata di tutto.
Era lu arbore forte
Caricato d' ogni frutto;
E per me, la sventurata
Non c'è che ruine e lutto.

Eju nun c'agio fatto letto,
No meno impastato pane;
Eju ci son' 'ntrata jer'sera;
Mene vo' anda' stamane.
Come me la sventurata
Nata nun ne' sia mai!
Sta mattina mi so' messa
Tutta *bijoux* e di fiora.
Ma mi l'agio da leva.
Fratello s'appressa l' hora.
M' agio da mettè a dosso
Eju la tinta vitriola,
Fin tanto che la vita dura
Vestita da capo à coda.

Mère (1), vous devenez la mienne. — Je m'étais in-
formée de tout. (?) — Il était l'arbre fort — chargé
de tous fruits, — et pour moi, malheureuse, — il n'y
a que ruines et deuil.

Moi qui n'avais point fait (encore) le lit — ni pétri le
pain, — moi qui suis entrée hier, — je m'en vais ce matin. — Malheureuse que je suis, — pourquoi suis-je née!
— Ce matin je me suis parée; — j'étais toute fleurs et
bijoux : — voilà qu'il faut que je les ôte. — Frère, l'heure
est venue, — il faut que je revête — les noires couleurs;
— tant que ma vie durera (2), — j'en serai vêtue des
pieds à la tête.

(1) Je suppose qu'elle s'adresse à sa belle-mère.
(2) On porte le deuil d'un mari toute la vie. Il est excessivement rare qu'une
veuve se remarie.

Eju da mercordi dàmane
Erane aspettativa,
Sempre guardando la strada
Se eju vi vedia venire,
Non pensando che voi fossi,
En bocca degli assessini.

Ah! chi mi l'avessi dettu
La mattina dei natali,
Quando che à Levie
Voi volesti alzani;
E poi d'una occhiata sola
Voi ci voleste cascani.
Se non vi fossi piaciuta
Quanto daria stammane!

De tutti li miei fratella
Ci n'agio uno ne' cumpagnia,
Antonio alla campagna,
Pierruccio alla Bastia.
Quanto da cui a colà
Che, ahi me! piove ruine.

Mercredi dès le matin — j'attendais impatiente — les
yeux fixés sur la route — espérant vous voir venir : —
las ! je ne pensais pas que vous étiez — dans les piéges
des assassins.

— Ah ! qui me l'eût dit — cette matinée de Noël —
quand à Levie — vous voulûtes monter — et qu'en un
clin d'œil (1) — vous tombâtes ! — Pour ne vous avoir
pas plu — combien je donnerais aujourd'hui !

De tous mes frères — pas un n'est auprès de moi : —
Antonio erre en proscrit ; — Pierruccio est à Bastia. —
D'ici, de là — hélas ! le malheur pleut sur moi.

(1) Je ne suis pas sûr d'avoir saisi le sens de ces deux vers. On peut aussi tra-
duire : que d'un seul regard — vous devintes amoureux de moi.

Bestemmià voglio il rè,
Maladì lu tribunale.
Perche il disarmamento.
Nun l'aviate da fà.
Lo tempo degli assessini
A punto e questo d'avale.
Se l'avia le suoi arme,
Giacomo non avia mala.
Temuto piu che lu fuoco,
Stimato piu che lu mare.
Ahi me ! nun mi n'importa
Fate pur' come vi pare.

A contar le so' bravezze
Nun vorrei ser una donna;
Ci sarei voluto ser poeta
Andato a gli collegi a Romma ;
In mano trattar la piumma
In testa portar la comma.
Se l'avessi da scrivini,
Se l'avessi da stampani,
D'argento vorrei la piumma
E d'oro lu caramare.

Je veux blasphémer contre le roi, — maudire le tribunal : — ce désarmement, — vous n'eussiez pas dû le prescrire (1); — le temps des assassins — c'est le temps d'aujourd'hui : — s'il avait eu ses armes, — Giacomo vivrait encore, — plus redouté que le feu, — plus honoré que la mer. — Hélas! rien ne m'importe plus; — faites de moi ce que vous voudrez.

Pour conter ses vaillantises — je ne voudrais pas être une femme; — j'aurais voulu être poète, — avoir étudié à Rome, — manier la plume, — porter en tête une perruque (*comme un docte abbé*) : — Si j'avais à les écrire, — si j'avais à les imprimer, — je voudrais une plume d'argent, — un encrier d'or; — pour encre je voudrais toute l'eau de la mer; — pour papier je voudrais — la plaine de Mariana.

____

(1) Allusion à la défense de porter des armes, hors le temps de la chasse.

Per inchiostro ci vorria,
Tutta l'acqua di lu mare,
Pè papele ci vorria
La piana di Mariana.

Cio che s'è fatto in Tallano
Non l'ha fatto mai nessuno.
Perche l'avete ammazati
Senza aver' fatto male alcuno?
L'avete pigliati innocenti
Come Dio omnipotenti.

Ce qui s'est fait à Tallano — personne ne l'a jamais fait : — pourquoi les avez-vous tués — eux qui n'avaient point fait de mal ? — vous les avez pris innocents — comme Dieu le tout-puissant.

TABLE.

ÉGLISES DU XIVe ET DU XVe SIÈCLE.

FIN.

9 782019 174705